不平則鳴

香港仍有善心人

謝悅漢 著

大公報出版有限公司

秉筆直書　文如其人

　　我認識謝悅漢先生已經 40 多年，謝悅漢今天是著名專欄作家，但我認識他却並非因爲他是資深傳媒人，我們是「識於微時」。還記得在 1974 年，謝悅漢和我加入了恒生銀行並參加了同一期的職員訓練班，一齊接受銀行的訓練工作，雖然受訓後他去了人事部工作，我去了零售銀行，但仍時有來往。猶記得謝悅漢當年爲人果敢明快，信念貫徹始終，今天觀其文章，果然文如其人！

　　現在，謝悅漢差不多每天都寫評論文章，筆耕不輟，對社會仍然滿腔熱誠，令人佩服。謝悅漢的行文措詞實而不華，立論意味深長，往往一針見血，而且堅持用講道理的方式去評論時事。在以今日歪論當道的傳媒生態裡，他的文章實在難得。由去年開始，香港社會受到暴力衝擊，謝悅漢不懼怕黑暴的惡勢力，秉筆直書，堅持講眞心說話，直接指出問題所在，只爲香港可以走上正確的道路。另外值得一提的是，謝悅漢曾在內地工作多時，對國內體制、以至生活文化有深刻認識，我們要了解內地的想法，或想

洞悉中美博弈的走向，更宜多讀謝悅漢的文章！

今次謝悅漢出版的《香港仍有善心人》，真是道盡今日香港社會的眾生相，由疫情的悲傷，講到止暴制亂、中美博弈，再感嘆港人生於亂世、家長為子女教育苦惱，最後以「攬炒」派對香港的傷害作總結，實在值得香港人細讀。我特別希望青年人可以放開心中的歧見，認真去讀一讀謝悅漢先生的文章，他們可能會發現世界並非如他們心中所臆想的那樣！

陳健波
香港立法會議員

序二

以筆鋒鞭撻社會敗類

　　謝悅漢先生是一位路見不平拔刀相助的智者，他雖不用挺身而出與反對派埋身肉搏，但卻運用他的智慧，通過尖銳的筆鋒予以辯駁和反擊。

　　由 2014 年至今，謝先生先後出了兩本書，《水泥森林中的吶喊》和《不平則鳴——冷眼看風雲變幻》，將反對派政棍在「佔中」和香港修例風波中的種種歪理，抨擊得體無完膚。

　　去年的「黑暴」，相信每位市民都備受威嚇。大家的內心是畏懼的，尤其是目睹市民因政見不合而被暴徒圍毆，反對派還大言不慚稱為「私了」；良好的店舖因政見不合便遭打砸縱火，反對派竟還若無其事美化為「裝修」。

　　一群只懂得破壞社會安寧的人，在「黃絲」傳媒口中和筆下搖身一變成為「真」香港人，參與暴動的老師被歌頌為時代革命的先驅，叫囂「光復香港」的暴徒被歌頌為勇武，暴徒受到全面的歌功頌德。

　　反對派已經自甘墜落成與暴力不割席的「攬炒派」，

他們脈絡廣泛，包括了傳媒、教師、社工、政棍、甚至乎是部分公務員。他們大部分人都是食政府之祿，但卻沒有爲特區政府分憂，不少還「食碗面反碗底」。

這些沒有良心的人，正正就是粵語長片中所描述的社會敗類。謝悅漢先生文章精闢有力，尖銳地鞭撻這些社會敗類，令我想起吳楚帆先生的正直不阿，思想樸實得來又正氣凜然，急公仗義，勇於爲民請命和怒吼發聲。

謝悅漢人如其名，是一好漢子，看畢他的文章令人心悅誠服。你爲香港帶來理性和正面的聲音，眞的謝謝你！

何君堯
香港立法會議員
2020 年 6 月

序三

文字抗擊暴亂的先鋒

謝悅漢兄是新聞界的前輩，他多年前任職新加坡《聯合早報》的高層，後來又縱橫商海多年，是一位跨界的高手。他在退休之後，仍然筆耕不斷，時刻都在研究時局的發展。對於香港自修例風波以來出現的亂象，他痛心疾首，不忍看到「東方之珠」淪爲暴亂之都，遂拍案而起，在網裡網外口誅筆伐，劍指那些別有用心的勢力，引起強烈的共鳴。

他立論要點是從民間立場出發，抗擊那些不斷妖魔化中國的論述，爲「中國人」三字辯護。冷戰期間在香港成長的他，熟悉香港社會多元化的特色，無論是什麼派別，都有強烈的中國人認同。但近年興起的分離主義逆流，背叛了中國歷史與文化，更背叛了海內外中國人的感情。他挺身而出，指出其中的謬誤之處，也觸動那些邪魔外道的痛處。

這也是一場文字的戰鬥，謝悅漢在逆襲「反中亂港」的前線上，衝鋒陷陣，揭開那些言論怪獸看似炫目的外衣，暴露他們與外國勢力勾結的眞面目。他成爲文字抗擊暴亂

的先鋒，不懼語言的槍林彈雨，瞄準那些妖言惑眾的「輿論領袖」，予以迎頭痛擊。

他的筆尖也像那位純真的孩子，發現「皇帝的新衣」，指出香港司法界、教育界與媒體界被港獨勢力滲透的殘酷事實。他們毒害了香港新一代的心靈，使之成為暴亂的「炮灰」。因而，要重建香港，就必須要收復這些領域的失地，正本清源，才能「救救孩子們」，才能挽狂瀾於既倒。

而更關鍵的是特區政府的公務員系統，也出現害群之馬，掀起吃裡扒外的歪風，對於明顯違法的行為，不但不嚴加譴責，還曲予維護，或是採取「烏賊戰術」，亂以他語，混淆視聽，成為國際笑柄。

他閱歷廣，也經常周遊諸國，熟悉國際規範的例子，順手拈來，反駁香港那些「黃絲」的歪論。他將香港的暴亂，放在國際化的視野來檢驗，就發現泛民與港獨勢力的「雙重標準」，禁不起嚴格的分析。

由於他曾經在新加坡工作與生活的經驗，更使得他體

會「良好治理」（Good Governance）的重要性。要解決香港的嚴峻社會矛盾，就必須借鑒新加坡當局處理房屋問題的智慧，讓居者有其屋，不要讓高房價成爲社會撕裂的罪魁禍首。

大破也要大立，他也表揚那些與暴亂勢力對抗的勇士們，包括被「污名化」的香港警隊。沒有這支專業的隊伍，香港就會被汽油彈和「攬炒」所摧毀。尤其「一哥」鄧炳強上台後，決策明快，劍及履及，堵住暴亂的逆流，贏得廣大香港市民的掌聲。

謝悅漢文字的彈藥，其實來自市民的支持。他文章在網上的點擊率越來越高，反映民心對於文字抗暴的廣大需求，期盼有力的論述，發揮太史公的春秋筆法，筆則筆、削則削，讓香港動亂的烏雲終可飄去，還香港人一個亮麗的天空。

邱立本
香港《亞洲週刊》總編輯

序四

敢怒而又敢言

認識悅漢兄之前，一直有留意他寫的時事評論，分析有理有節，很多文章我深有同感；認識他之後，又發覺他是填詞高手，德才兼備；最近更有幸接受他專訪，感覺這位退休人士依然充滿滿活力，真心希望貢獻社會。最近他出書，我想起台灣知名作家、政治評論家李敖先生的名言對世情的態度，可分三種：第一種是敢怒而不敢言；第二種是不敢怒而敢言；第三種是敢怒而又敢言。對我來說，漢悅兄就是第三種！

今日香港暴力肆虐、歪理橫行，實在需要悅漢兄更多以筆桿發揮正義的正能量，也許是評理，也許是勸諫，也許是挖苦，隨悅漢兄暢所欲言；「邪惡盛行的唯一條件，是善良者的沉默」，因此，更希望他繼續享受「敢怒而又敢言」的自由，此是香港社會之福！

高志森
香港導演

自序

香港人，共勉之！

這本書是結集過去半年每日筆耕時事評論，敢言和真心是我的風格，如實反映民情民意是我的心願，期望大家會接受、支持及指正。

香港由一個繁華昌盛經濟大都會，變成一個充滿紛爭政治城市，政客政黨終日為個人私利及權益計算，不擇手段要打殘「攬炒」香港，受苦受害的是基層市民，大家都只求早日撥開烏雲見青天，這個卑微願望好像都遙不可及。

自去年六月開始黑色暴亂以來，經濟如斷崖式下滑，百業蕭條，失業率高企，又於今年初經歷新冠肺炎疫情衝擊，可謂雪上加霜，屋漏兼逢夜雨，老百姓生活苦不堪言。

香港變成一座「悲情的城市」，一股黃色邪惡霧霾遮蓋天空，令一些市民和學生迷失了人生方向，甚至參與破壞社會的行動，和呼叫出違反理性良知的口號。

香港變成一座「哭泣的城市」，無數父母擔心自己兒女誤入歧途，參與黑色暴亂的行列，可能有機會被捕和判

處監禁入獄，一生前途盡毀，令人生塗上污點，這些父母有無數晚上飲泣無眠。很多市民生活在煎熬和徬徨中，在暴亂陰影下，做生意的中小企老板可能損失畢生積蓄，打工仔可能失業令全家陷入困境，這些市民眼淚在心裡流，愁苦有誰知。

人們因為顏色、立場和理念不同，產生矛盾、鬥爭和衝突，社會不再和諧，家庭內沒有了包容只有撕裂，學校失去了尊師重道精神，整個城市陷於紛亂、抗爭、仇恨和失去理性和人性。

萬眾期待的，是香港回復為「理性、包容、和諧、繁華和充滿希望的城市」。只有明白中央才能真正帶領落實及維護「一國兩制」，只有明白港人和國內同胞都是血濃於水的中華民族成員，只有明白國家是歷經艱苦路程才有今日的和平崛起，香港才能「明天會更好」。

中美間博弈絕非短期間便能平息，美國要獨領風騷稱霸天下，便會想盡方法圍堵打壓中國，如果美國領導人不

改變這種冷戰思維，中美和世界都永無寧日，只有美國認識清楚中美是可以求同存異，互利共贏，世界才可望走上和平康莊大道。

筆者只是一介草民，每天都是本着理性和良知發表意見，心中謹記「樹高萬丈莫忘根，人若輝煌莫忘恩」，歷劫風波，不會忘本，千帆過盡，不忘初心，深信「兩岸猿聲啼不住，輕舟已過萬重山」，希望讀者讀完此書有共鳴，於願足矣。

謝悅漢

2020 年 6 月於香港

目錄

第三章　生於亂世的香港人

第四章　中產家庭爲子女教育的苦惱

第五章　中美博弈停不了

第六章 「攬炒」令香港衰退

第一章

世間有情　人間有愛

世間有情　人間有愛

在這場對抗新冠肺炎疫情戰役中，全球多個國家都積極回應，願意拔刀相助，正所謂「得道者多助」。

日本執政兩黨幹事長表示，願舉全國之力與中方共抗疫情，而以色列駐華使館則宣告，以色列與中國人民站在一起對抗疫情。美國特朗普總統亦宣布，將撥款1億美元給中國及相關疫情國家，對付肺炎疫情。

外長王毅先後應約同蘇丹外長、伊朗外長、沙特阿拉伯外交大臣、法國總統顧問通電話。他們就疫情對中國表慰問，相信中方將會很快度過危機，沙特高度讚賞中國在疫情防治工作中體現出的責任感。

王毅指出，當年非洲發生伊博拉疫情，中國第一個派遣包機運送緊急救援物資，派出醫療隊抗擊疫情，書寫了中非友好的篇章。

聯合國正與各國政府保持密切合作，採購亟需的醫療用品和資源，支持中國的「戰疫」。

香港「黃絲」傳媒及泛暴派當然是藉武漢疫情爆發，以落井下石、幸災樂禍的態度橫加批評。然而，不少國際組織並不認為中

國隱瞞疫情，反而大讚中國行動迅速、透明度高，而且出手不凡。

雷鼎鳴教授近日的文章「中國應對新肺炎是否失當？」，以理性科學精神及確實數據説明一切。他指出，武漢封城為創舉，中國政府的動員力與執行力舉世無雙，在視頻中見到兩公里長的卡車隊浩浩蕩蕩把物資運到武漢，蔚為奇觀；火神山及雷神山兩所新醫院火速建成，若英國全速去做同一件事，起碼要 3 個月。有醫院還要有醫護人員，幾天內已有數千醫療人員從各地奔赴武漢最前綫。

在科研方面，中國用了一周時間便從第 1 名被發現的病人取出病毒樣本，並將其基因排列弄清，立時向全世界公布，其速度震驚國際醫學界。而且，從基因圖譜可以推斷出，這第 1 名病人可能真的是受感染的第 1 名，這反映出中國公共醫療系統的監測力超強。據說國際上的行內人紛紛在打聽，做到此成績的高手是何方神聖？中國如此科技實力，又怎能不叫國際醫學界另眼相看？

雷教授又說，這次疫情中，民間的團結與愛國情緒也很高漲：華大基因與武清藥企迅速製成並捐出病毒檢驗試劑盒；武漢 85 間賓館酒店免費為醫務人員提供休息地方；碧桂園捐 1 億元作抗疫基金；美的捐贈了火神山醫院全部家電產品；阿里巴巴設 10 億基金援助武漢，對付疫症有如戰爭，這些都成功營造出敵愾同仇的

凝聚力，若是有人希望借疫情而打擊中國的民氣，恐怕等着他們的是相反的結果。

有一個看完令人淚流的真實故事：在一架南航從墨爾本至廣州的航班，飛機上並沒有旅客，全是澳洲華人購票後把無償捐助的救援物資放在自己的座位上。在美國，幾乎所有的口罩都被華人買下運往中國，一個銷售員說，這個民族太團結了，太可怕了。國家興亡，匹夫有責，哈佛八大中國高級院士回國助力提供協助。

香港於 17 年前沙士之疫，有一名女醫生及 5 名護理人員，因救護病人犧牲了性命，令全港市民哀痛落淚。而今日卻有泛暴派組織發動醫護人員，並以「罷工手法醫人」這種毫無邏輯的荒唐口號爭取市民支持，他們真是玷污那一襲神聖的白袍。幸好，仍有一大批堅守崗位「白衣天使」盡心盡力為市民服務。

香港現今變成一個冷漠無情、抗拒民族精神和中華文化的城市，變得良心敗壞，道德淪亡，這種邪惡氛圍是何時養成？這是誰之過？

不過，我仍深信「惻隱之心，人皆有之」。善良慈悲的人，是社會上大多數。在這次疫情中，盡顯人性的醜惡和善良。

2020 年 2 月 9 日

令人感動落淚時刻

　　內地武漢市爆發全國性疫情，不僅令全國軍民齊心協力共同抗疫，海外一些國家亦都紛紛表示願伸手相助。

　　根據鳳凰衛視報導，日本政府宣布 100% 承擔在日本境內患者的治療費，不分國籍和簽證種類，也不公開患者國籍。在疾病面前，國籍與治療無關。

　　另外，新華社報導，法國政府對新型冠狀病毒感染肺炎疫情給中方造成的損失表示慰問，法方高度讚賞中國政府積極有力應對疫情，並致力於防止疫情蔓延，對中方抗擊疫情的決心和勇氣深感欽佩，如果中方有任何需要，法方願向中方提供一切必要協助。

　　外長王毅表示，中國政府已將聯防聯控作為各級政府當前工作重中之重，在政府的堅強領導下，覆蓋全國的防控體系正在科學、有序加快推進，疫情總體上可防、可控、可治。中國政府和人民萬眾一心、眾志成城，我們有信心、有能力、也有資源，盡快打贏這場疫情防控阻擊戰。

　　王毅強調，這次疫情再次提醒各方，在全球化時代，各國命運緊密相連，休戚與共。無論是應對沙士和今次新型冠狀病毒感

染肺炎疫情，抗擊非洲伊波拉、中東呼吸綜合徵等國際社會發生的流行性疫病，中國都承擔一個負責任國家應盡的國際義務，始終本着公開、透明、科學、協作的精神與國際社會通力合作。

中央政府已立即在全國各地調配軍隊及醫療人員，趕赴武漢現場提供醫療救援工作，總理李克強亦親到武漢，為醫療人員加油打氣，並慰問當地民眾。

每一場重大災難都是一面照妖鏡，照出人性的美與醜、善與惡、忠與奸、正與邪、光明和黑暗。香港現今人心敗壞，社會籠罩於政治狂熱之下，一切變得不可理喻，連瘟疫也免不了被政治炒作。

「黃絲」傳媒以挖掘疫區負面黑材料來報導災情，泛民及本土派更是幸災樂禍心態看待這塲瘟疫，並且鼓動醫護人員罷工，真係「趁你病攞你命」。所謂「惻隱之心，人皆有之」，原來不適用於泛民及本土派人士。

這次武漢疫情有很多感人故事，令人看後感動落淚；但亦令人唏噓慨嘆部分港人政治超越一切，他們已喪失天良和道德，盡露人性醜惡的一面。

2020 年 1 月 28 日

可怕的不是疫情，而是冷漠無情

湖北武漢爆發疫情，疫情嚴重，在很短時間已經全國性散播，甚至傳至一些海外國家，這是無可否認的事實。

根據國家衛生健康委員會統計，截至前天（1月31日），內地累計確診病例已達 11,791 宗，累計死亡人數爲 259 例。但「黃絲」傳媒卻誇張報導死亡人數及疫情的嚴重程度，以恐嚇港人和製造反中仇中情緒，甚至施壓特區政府，要求全面對內地封關。

請問大家是否知道，美國過去 20 年也出現過 6 種大大小小的瘟疫？普通的流感不算（僅 2017 至 2018 年的流感便有 4,880 萬人感染，死了 79,400 人，2018 至 2019 年感染了 4,290 萬人，死掉 61,200 人，都遠比沙士及今次肺炎嚴重），只說 2009 年豬流感，那次美國人有 5,500 萬人感染，超過 11,000 人死亡。

我們用數字説明一切，以美國在各方面的文明先進，豬流感疫情中感染及死亡人數仍如此之多，爲何無人提及，而偏偏千方指責和百般刁難中國政府處置疫情不當？

美國人民不會恐懼及散播謠言，知道政府會盡力搶救疫情。目前中國政府亦動用民間及軍隊力量，去制止疫情擴散，甚至封

鎖武漢全市，而湖北省也延長春節年假，勸告市民盡量留在家中，免將疫情擴散。世界衛生組織亦承認，中國已經盡了全力防止疫情擴散，故此毋須對中國進行經濟旅遊及貿易封鎖。正如外交部發言人華春瑩強調，中華民族是厚德載物、自強不息的民族，一定能夠戰勝疫情。

2003年沙士襲港，全城抗疫，萬眾一心，最終克服疫症，特別是醫護界的努力和真心真意服務社群，忘我搶救病人精神，更是得到了全港以至全球的認同及讚賞。

反觀香港今日反對派騎劫和煽動醫護工會罷工，並且威脅若政府不答應他們的要求「全面封關」，他們便會發動大規模罷工癱瘓醫護工作和削減對市民服務。

在當今疫情嚴峻，社會陷於水深火熱，醫護人手緊張之際，罷工無疑是令所有醫護員工百上加斤。「黑護」的無理要求和勒索行徑，不僅損害全港醫護界過往良好的形象，亦是對許多敬業樂業緊守崗位的醫護人員的不公。

疫情並不可怕，因為終會有新的疫苗和醫藥可以治療，更可怕的是冷漠無情、偏見歧視、惡毒謠言及趁火打劫。反對派千方百計要置香港於死地，將香港市民福祉置之不理，這是滅絕天良和人性的做法。稍有良知血性的醫護人士，請勿誤入其圈套，令

一世英名毀於一旦。

2020 年 2 月 2 日

中國人民的凝聚力和戰鬥心

這場突如其來的「新冠肺炎疫情」，是中國改革開放四十年來所遭遇前所未有的挑戰。國際社會都密切注視着中國在這場疫情中的表現。中國政府的運作效率、社會動員能力、衛生保障水準、經濟抗壓能力等，全部被置於聚光燈下，「戰疫」讓世界深讀中國。

世衛組織專家組一位加拿大組長說出一番公道話，他說：「我們要認識到武漢人民所作的貢獻，世界欠你們的。當這場疫情過去，希望代表世界再一次感謝武漢人民，我知道在這場抗疫過程中，中國人民奉獻良多。」

的確，在這場「戰疫」中，中國發生許多可歌可泣的感人故事。例如，中國僅以十天時間便在武漢興建好「火神山醫院」，集中收治新型冠狀病毒肺炎患者。其後陸續加速利用各區醫院、球場及社區中心，改建為臨時治理中心，收容了數以萬計病情較輕的染疫病者。

中央又立即在各地調動以萬計醫護人員及軍隊醫療隊伍，前往武漢搶救病患者，充分發揮中國特色社會主義制度優勢，能夠在極短時間內徵地建醫院，徵集各地醫護人員，這批醫護人員面

對與死神的較量，義無反顧、挺身而出、體現出奮不顧身、大愛無疆的崇高精神，已有數位醫生及護士奉獻了寶貴生命。

武漢一些年輕力壯市民報名做志願者，免費接載病患者到醫院求醫，及運送物資到各區住戶。他們說，在正規軍到來前，盡市民本分為社區出點力。

目前新冠肺炎疫情已有受控及下降趨勢，中國雖然歷經千難萬險，但有信心戰勝這次疫情，而在這場「戰疫」中，充分顯示出全國人民凝聚力和愛國心，這才是戰勝一切挑戰的動力。同胞奮戰疫情無畏無懼的精神，已經看在各國人民甚至是敵視中國的競爭者眼中，特朗普就多次讚揚習近平的領導能力。

其實，無知的恐懼和歹毒的謠言才最可怕，黑暗之後就是黎明曙光的來臨，中國人民即將看到掛在天邊的彩虹。

2020 年 2 月 26 日

人生三不笑，不笑「天災，人禍和疾病」

　　當中國初現新冠肺炎疫情，整個武漢市和湖北省封城封關時，美國首先發難撤退人員，其部分政界人士更以幸災樂禍的心態譏諷中國，總統特朗普用「中國病毒」及國務卿用「武漢病毒」形容新冠肺炎病毒，不僅毫無同情心，並且落井下石。

　　現今美國成為新冠肺炎疫情全球之冠，據世界衛生組織網站周六顯示，新冠肺炎疫情已影響到全球 201 個國家和地區。根據美國約翰斯霍普金斯大學統計，全球確診人數已經超越 65 萬，逾 3 萬人死亡。美國是目前唯一確診病例突破 10 萬大關的國家，現已錄得逾 12 萬宗，其次是意大利，累計確診個案逾 9.2 萬宗。法新社統計，歐洲仍是目前疫情重災區，確診人數超過 33 萬，逾 2 萬人死，意大利佔了約一半。

　　中國現在已成為防疫裝備及設施最大輸出國，不僅內地仍然高度戒備繼續防疫，亦盡力為重災國意大利提供三支醫援隊伍，以及向全球各國提供龐大的醫療物資援助，受到各國稱讚。中國以德報怨，和世界各國人民共渡時艱，全球人民有目共睹。

　　反觀香港，蘋果日報及該報陶文癌仍堅持用「武漢肺炎」來

污名化中國，連他們的主子特朗普已改口稱為「新冠肺炎病毒」，他們仍繼續抹黑仇視中國。

黎智英和陶傑之流如若尚有半點人性和良知，是否會恢復一點良心和理性，講番一些人性的話？

「黑護罷工」是趁你病攞你命，在香港醫護史上留下最不光彩的一頁。眾多「黃絲」教授教師仍在煽動青少年去「攬炒」香港，這些教授教師會否收手，不再播毒？

請記住人生三不笑，「不笑天災，不笑人禍，不笑疾病」，尤其是天災和疾病是沒有國界和種族之分，香港已成為「哭泣的城市」，難道這些無良政棍和傳媒要讓市民繼續痛哭下去嗎？

2020 年 3 月 29 日

天災固然可怕，但人禍更恐怖

　　武漢市爆發的新冠肺炎疫情發展迅猛，不僅內地嚴陣以待，因全球部分國家也有國民受到感染，亦十分緊張和關注，鄰近內地的港澳，市民更是異常擔心，因為香港已出現了確診患者。

　　香港真是禍不單行，經過六七個月的黑色暴亂，經濟已經大受打擊，現今又受到新冠肺炎疫情侵襲，真是屋漏兼逢連夜雨，雪上加霜。

　　其實，古往今來天災固然可怕，但人禍更恐怖，影響更深遠。第一次及第二次世界大戰死亡人數以百萬計，日本侵略中國八年，死亡人數更是以千萬計。過去多年來戰事，如朝鮮、越南、及中東地區連綿戰爭，更是死人無數。這絕對是人禍，造成無數家庭家破人亡，流離失散，慘絕人寰。

　　自二次世界大戰後，香港再沒有經歷過戰爭，不過亦遭受沙士疫情的打擊，但當時沒有出現「黑暴」，社會不會如此撕裂、對立和充滿憤仇恨。

　　但今日香港社會情況卻是截然不同，尤其泛民派區議會大勝後，當選的泛民派區議員「不務正業」，只識辱罵政府官員，散

播仇恨，挑撥民眾對政府不滿。

常言說「醫者父母心」，救死扶傷是醫護人員的天職，既不應有邊境界線，更不應有種族之分。但今次新冠肺炎來襲，竟有醫護組織落井下石，在網上號召罷工，聲稱要求港府封閉所有口岸，「禁止中國人入境」。反對派政客更企圖利用疫症進一步煽動反中情緒，徹底阻隔兩地。

「一方有難，八方支援」，如果香港醫護人員對大陸人士充滿敵意和仇視，見死不救毫無惻隱之心，看在世人眼中有何感受？以往很多香港醫護人員參與「無國界醫生計劃」，受到世人讚頌，為何偏偏現今對內地同胞及病患者如此仇視和毫無同情心？

人間有溫情，社會上本充滿同情心和愛心，現今卻因政治凌駕一切，連基本的人性，良知和愛心都沒有了？這根本是人禍造成，亦是香港的不幸。

2020 年 1 月 27 日

香港仍有善心人

香港這個社會真是「一樣米養百樣人」。有人埋沒天良做盡壞事，以政治凌駕一切，犧牲港人福祉去達到他們的政治目標；但亦有一批充滿愛心和善心的人，為基層市民爭取權益。

由盧寵茂院長帶領的港大深圳醫院，現在是深圳市收治疑似患者的定點醫院，廣東省確診的第一例都是在這裏發現，至今醫院已確診二十七新型冠狀肺炎病患者。在檢疫令發布後，二十多名香港醫護人員，需決定是否繼續留在深圳。最後，他們決定暫時做個「深圳人」，留下來服務社群。此外，盧寵茂教授即將率領香港十二名醫護的團隊，飛往武漢前線支援。

「青山一道同雲雨，明月何曾是兩鄉」。我們飲的是東江水，眼見內地當今新冠肺炎疫情嚴重，我們同是中華兒女，血濃於水，怎可能無動於衷？

由香港政研會主持「醫護罷工苦主大聯盟」記者招待會，出席新民黨主席葉劉淑儀在會上指出，該聯盟至今共收到23宗個案，當中較嚴重的包括四宗癌症、四宗腫瘤、三宗視網膜脫落、一宗白內障，以及有多發性腦硬化症及心臟病患需要接受搭橋手術等等。

有苦主大吐苦水，指責「黑護罷工」令他們的家屬得不到適當的醫療照顧，使病情加重，甚至有一些病例因延誤治療而不幸離世。

葉太已將一些高危個案，第一時間轉介醫管局行政總裁高拔陞醫生，促請醫管局盡快為他們重新排期接受治療。

葉太指出，身為專業醫護人員，本應克盡己任，保障市民的生命健康，不能因為政治上的不滿而置市民健康性命於不顧。這些死因不明的個案需要做死因聆訊，基於事實及法律判定死者的死因。個案的苦主表示會保留法律追究權利，新民黨願意為他們提供法律支援。

同是香港醫護人員，有一些善心愛心醫護人員的無私奉獻行為，令人感動敬佩。但這次「黑護罷工」卻在香港醫護史上留下洗刷不掉的污名。

請記住，「人生有三不笑，不笑天災，不笑人禍，不笑疾病」，如倒行逆施，便是罪孽。

2020 年 2 月 20 日

時代選擇了我們見証當今歷史

自去年至今，世界和香港發生了許多事。和香港關連較密切的世界大事，是中美貿易戰的升級和達成協議，以及英國保守黨大勝首相換人；而香港方面的大事，則主要是「黑暴」釀成經濟大幅下滑、治安不寧，以及近期醫護人員的罷工。

當然，要講最關係到港人切身的事，主要是「黑暴」和「黑護罷工」的因由及影響。今後香港何去何從？港人應如何自處？

我個人認為，「黑暴」和「黑護罷工」發生的原因錯綜複雜，冰凍三尺非一日之寒，包括社會貧富差距巨大，樓價高昂市民難以負擔，教育徹底失敗，「黃絲」傳媒終日散播反中仇中言論，司法及法律成為外國勢力保護其利益的城堡和基地，部分政府高官庸碌無能不思進取不敢擔當，更有美國等外部勢力培植的代理人搞事，向中國政府施加壓力爭取最大利益。

所謂凡事都有前因和後果，上述各項原因，每項都可以長篇大論立案研究，絕非一篇短文可詳解清楚。

其中重中之重，則是香港回歸以來，大家以為「馬照跑，股照炒，舞照跳」便可，而忽視了培育青少年對中國歷史和中國文

化的認知，使他們失去了民族認同感，崇尚英美的一切，甚而卑視中華民族和文化，因此這些青少年遊行時揮舞美國國旗及殖民龍獅旗而不以為恥反以為榮，在大球場噓國歌，在金紫荊廣場打交叉手扭轉身背對升旗禮，甚至在中學畢業典禮的演辭宣稱「以中國人為恥」，在大學畢業典禮中粗暴無禮地侮辱校長。

日積月累，便造成了黑暴被補暴徒 7,000 多人，近四千人是學生，其中年齡小至 12 歲的奇特現象。有些年輕人甚至在網上留言，堅稱「光復香港，時代革命」是他們的人生目標，不成功則成仁。

在武漢發生重大疫情時，國家動員數以萬計醫護人員去搶救病患者，有些醫護人員甚至犧牲了生命，其間發生多少可歌可泣牽動人心的故事。而反對派卻策劃「醫護大罷工」，數千醫護人員不理病人死活去罷工，相比之下真有天淵之別，從中亦反映出人性的真善美和假惡醜。

時代選擇了我們見証當今歷史，港人必須清楚今日世界和中國的變化，如果再盲目反中恐共，任由歹毒心腸的意見領袖擺布你的思維和立場，香港將永無寧日，受害者將會延伸至下一代。

2020 年 3 月 8 日

令人心寒齒冷的言行

我經常百思不得其解的，是香港九所大專院校學生會，竟然都被激進「本土派」把持。近日科大學生會在 facebook 發出「科大學生會就全球抗疫之聲明」，一開頭便稱「『中國肺炎』肆虐全球，為公共衛生，以及各國經濟帶來沉重打擊」，內容又提到，「凡『中國製造』的必不持久，本會相信全球合力定能打敗『中國肺炎』」，「世界必須謹記『中國肺炎』發源及擴散之成因，保持警惕和戒心，方能避免下一次『中國病毒』」。

可能大家以為這是特朗普總統發出的聲明，才會如此無恥狠毒，卻原來是來自科大學生會。怪不得中大可變成「暴大」，理大可變成「兵工廠」，這真是香港人的悲哀。

「香港眾志」黃之鋒在社交網站發帖批評，特首向全球發出紅色旅遊警示，「惟欠大陸澳門臺灣」，是「無視中國大陸作為『武漢肺炎』的病毒源頭」。這完全是毫無人性的話，卻被美國雜誌捧為全球最具影響力的人。

泛民派有時都會有良心理性的人，民主黨中常委社區組織協會幹事蔡耀昌，因不滿有食肆「不招待內地人」，促請平機會以「種

族歧視」條例調查，結果惹來黨內激進派不滿，最後被迫辭任黨內一切職務。

前陣子深水埗區議員李文浩及劉家衡辦事處，門口張貼『本辦事處不為任何「藍絲」提供服務』，及『「藍絲」與狗不得內進』字樣的告示，令全城嘩然，至今這兩人仍死不認錯。

立法會昨日開會商討臨時撥款，但反對派22議員僅一人出席，反對派企圖製造流會迫使政府停擺，無法有足夠資源購買防護裝備供醫護人員使用，影響抗疫工作。

反對派及本土派經常用盡一切方式，使政府停擺及搞亂社會，甚至出言侮辱國家及國人，但選舉上卻大勝，又是令我無法理解的事。香港已變成一個「失智城市」，在這裡反中仇中亂港成了「必然真理」，崇尚歐美即是百分百正確。

2020 年 3 月 20 日

讓香港安全　港人有幸福感

多個月來的暴亂和黑色恐怖，令港人在惶恐不安中渡日。聖誕節朋友聚會時，一些朋友都說去了澳門和內地度假，發覺澳門和內地城市都人頭湧湧，市面一片繁榮安定。

這原本是香港昔日的景象，聖誕節在維港發放煙花匯演，萬眾騰歡，個個都喜氣洋洋，現今「俱往矣」。眼前所見，百業蕭條，預計在農曆年後，更會有一波結業潮和失業潮。更令市民感到可笑的，是特區政府撥款 20 億元去振興中小業經濟，政府轄下的「香港電台」卻繼續肆無忌憚地唱衰香港。

反對派在各區議會選舉中大勝，請問，大部分港人覺得從此會安居樂業，百業振興嗎？昨日黃昏時候經過荃灣地鐵站時，有反對派區議員站台呼籲，要削減警隊薪津，指警隊打壓市民訴求，不值得支持他們和其他公務員隊伍一起加薪。

「讓香港安全，港人有幸福感」，相信是絕大部分港人的卑微願望，不過，當看見率領暴徒鬧事的立法會反對派議員再度當選區議員，黑衣暴徒華麗轉身成為「民意代表」，港人由失望轉向絕望，香港走向沉淪墮落之路，只是一步之遙。　　2019 年 12 月 30 日

「着數」攞盡　搗亂「照舊」

在「新冠肺炎」疫情蔓延全球之際，依然有港人周遊世界各地，有事便向港府求援，由於香港沒有外交權，只能夠依賴中國駐外各國使館求助。

近日一批滯留秘魯港人向港府求助，最終由中國駐秘魯大使館協助之下，安排包機回港。這批港人中有港獨分子，在秘魯時手持「光復香港，時代革命」標語橫額拍照留影，要「揚威」（獻醜）國際。

港獨份子羅冠聰去年獲資助去美國讀書，為報效主子積極爭取「香港人權與民主法案」通過，如今因美國疫情嚴重又逃回香港。

暴徒每月 31 日都去太子站設壇拜祭「死人」（但毫無證據），昨日又有反對派區議員參與聚集鬧事，人數超過政府頒令不得四人以上集會，原來反對派區議員的職責是攪亂破壞社區。

香港電台是公營電台，節目質素差而又收視率奇低，每日都是散播反中仇中亂港言論，一年逾十億撥款就是豢養一批高薪的反骨仔對付老闆和香港市民。

香港已成為一個失常「反智」社會，無法用常理來推論，只

能用「上帝要人滅亡，先要其瘋狂」來解釋。

2020 年 4 月 1 日

用數字說明一切

根據官方發表數據，新冠肺炎（英文：COVID-19）的全球感染個案逾 130 萬宗，截至 2020 年 4 月 7 日早上，全球超過 200 個國家或地區出現確診個案，當中以美國為首，共有 36 萬 7 千多宗確診，其次西班牙和義大利均逾 13 萬宗，德國也有 10 萬多宗，尚未計法英瑞士比利時等國數字，這些國家的大都市已處於停頓邊緣。

中國方面，截至 2020 年 4 月 6 日，新冠肺炎內地累計確診個案達至 83,071 宗，死亡人數達 3,340 人。現今湖北及武漢已全面復工復產，全國大部分產業已回復正常運作，市民日常生活亦逐漸走回正常軌道。

據外電報導，美國 3M 公司與美國政府達成協議，未來三個月將進口 1.7 億個 N95 口罩，而主要來源地是 3M 在中國的生產廠房。最近從廣州白雲機場出口的防疫物資數量大增，僅 3 月驗放出口已超 2,700 噸，輸往全球各個疫情地區。

警方披露，去年 6 月暴亂至今共拘捕 7,613 人，並估算暴徒投擲最少 5,000 枚汽油彈，縱火案達 772 宗，涉及 1,000 多個地點遭

受破壞，尚未計近期警方破獲的製造炸藥及具殺傷力武器工廠。「本土派」揚言，抗爭絕不停止，會一直進行「光復香港，時代革命」的「光榮」運動。

　　教育局回應立法議員質詢時指出，自去年 6 月中至今年 1 月底共接獲 171 宗投訴，涉及教師專業失當行為，其中有 17 人被譴責或警告。這明顯是低估了教師行為不當的數字，否則怎會在 7,000 多名被拘暴徒中，有逾 4,000 名是學生？教師誤人子弟，受害的是學生，但教師毋須坐牢，而受害者則一生蒙上污點。

　　本來，數據和事實勝於雄辯，但仍有很多港人及年青人相信口號和謊言，堅持反中仇中亂港的立場，看看最近新當選的反對派區議員所做的一切，便知我所言非虛。

2020 年 4 月 8 日

第二章

藍營的市民才是真正英雄

藍營的市民才是真正英雄

　　民意調查顯示，支持藍營的人士一般年齡較高，部分人甚至不懂使用一般年青人的whatsapp及wechat通訊，可能跟不上潮流，但其實你們才是社會的中流砥柱，是社會的基石。

　　相反，和你們年齡相若的「黃絲」分子，他們可能是李柱銘、陳方安生、戴耀廷、梁家傑、陳文敏、何俊仁、長毛之流，只懂危害社會，誤導青少年，以他們的政治理念將香港推向萬丈深淵。

　　在香港發展進程中，你們為社會默默耕耘，可能是機器中的一粒螺絲釘，卻幫助時代巨輪滾動前行，你們都自認是炎黃子孫，以龍的傳人為榮，都珍惜四千年的中華文化，願意做承前啓後的接班人。

　　你們會勸告自己的子女不要仿效黃之鋒、梁天琦、游蕙禎之流，放棄了做人的本份，數典忘祖，貪圖出位，卻敗壞了家聲，污辱了門楣，愧對自己姓氏和宗族鄉親。

　　你們和「黃絲」劃清界線，從不參與破壞社會安寧的黑色暴亂，憎惡「光復香港，時代革命」的激進口號，因為這是要推動「港獨」。

你們不會支持「五大訴求，缺一不可」，因為你們知道那完全不合情、不合理和不合法，又怎會盲目地人云亦云，將暴亂合法化？

面對黃色濁流的氾濫，你們絕不會隨波逐流。面對歪風邪霧，你們堅持潔身自清。在滿布謊言的社會中，你們明辨是非黑白，知道正邪不兩立。

你們可能大多是社會的小市民，普羅大眾一分子，但你們卻是抗爭「顏色革命」的大英雄。可能你們不知道，美國以「顏色革命」推倒了多少不合它心意的政權和國家，以掠奪這些國家的資源，奴役這些國家的人民。

你們各自可能只是社會中寂寂無聞的一介平民，卻知道國家目前正處於大風大浪之中，香港正處於暗流洶湧之中，你們始終堅信香港會迎難而上，克服任何挑戰，你們和國家及同胞一起破浪前行，你們是在和黃營反對派決戰中起關鍵作用的真正英雄。

2020 年 5 月 16 日

有「第二次回歸」才會有「第二春」

由於我經常寫時事短評，所以也會密切留意其他學者、時事評論員的文章。新加坡國立大學東亞研究所所長鄭永年教授，是我心儀佩服的學者，他經常有獨到見解和真知灼見，他日前發文探討香港問題《香港必須二次回歸》，的確是慧眼獨到，洞識香港的核心問題所在，由於原文太長，我將其精華摘要列出如下：

一、根本問題只有一個，那就是：誰主香港？ 1997 年香港主權回歸中國，實行「一國兩制」，但並非中國政府治理香港。基於「港人治港」，治權在行政長官和特區政府。

二、既然不是中國在治理香港，那是特區政府在治理嗎？也不是！

就權力結構來說。立法方面，特區政府只通過「建制派」擁有不到一半的控制權；司法方面，特區政府完全無法着力，整個司法系統掌握在「隱形」的「港英當局」手中；甚至於行政系統本身，也是從舊港英當局「整體」接收而來。

三、既然香港不是中國治理，不是特區政府治理，那是港人在治理嗎？顯然也不是！一是眾口難調，不能達成妥協；二是抗

議演變成暴力，成為破壞性極大的「為抗議而抗議」。

四、是外國勢力在主宰香港嗎？

香港是國際化都市，外國勢力的存在和介入並不奇怪。需要關切的是特區政府是否有能力遏制這些外國勢力的負面影響。

在制度上，沒有任何變化來體現「港人自治」，而主權回歸只是象徵性的。在香港成為「間接殖民地」後，既得利益者只坐收漁翁之利，卻不用負任何責任。「法治」既是香港制度的本質，但也是維持既得利益（尤其是英國利益）的最有效工具。全盤保留下來的「法治」體系已變成外國勢力固若金湯的話語權。它既是特區政府的有效「監督者」，也是香港作任何改變的最有效阻力。

五、必須改變治權不在港人手裡的局面

對香港的統治精英而言，理論上，香港繁榮是符合他們利益的。但因為制度設計有缺陷，這些人只追求利益，卻不用承擔任何政治責任。往往是「有利益一哄而上，面臨問題全身而退」。

現實是，有一些港人並不希望改變。他們只強調「一國兩制」中的「兩制」，令特區政府夾在「一國」與「兩制」之間無能為力。

殖民地式的教育在回歸後也沒有改變，反而變本加厲。以前香港的民主運動還帶有「反英」的色彩，現在則轉為「反中」。更糟糕的是，今天抗議者的主體就是回歸後成長起來的年輕一代。

香港產生今天這樣「權力真空」並不奇怪。特區政府不僅受制於來自內部的各種制約,更受制於外國勢力通過「法治」給予的制約。導致特區政府軟弱不堪,處於實際上的「無政府狀態」。

另外,新近到任中聯辦主任駱惠寧在《人民日報》撰文,直指國安機制在香港長期缺位,令外部勢力可滲透破壞。他認為,對於特區而言,如果國家安全體制機制長期缺位,外部勢力就能夠無所顧忌進行滲透破壞,「一國兩制」實踐就面臨被衝擊和破壞的極大風險。

駱惠寧引述習近平主席視察澳門時指出,「愛國主義教育茲事體大,希望特別行政區政府教育部門和學校擔負起主體責任」。他期望特區政府及有關辦學團體在全社會尤其是青少年中大力加強憲法和《基本法》教育、國情教育、中國歷史和中華文化教育,不斷完善「一國兩制」條件下香港教育治理制度體系,增強青少年的國家意識和民族認同,進一步築牢香港「一國兩制」成功實踐的社會政治基礎。

結合鄭永年教授及駱惠寧主任的文章,大家可以清晰看到香港的核心問題所在。目前政府所做的一切都是解決局部問題,小打小鬧,無濟於香港長遠利益及發展。

只有中央、特區政府、建制派政黨團體及愛國愛港人士真正

認識這些關鍵難題，以破釜沉舟精神迎難而上，才能令香港「第二次回歸」，香港也才會有「第二春」機會。

2020 年 1 月 22 日

香港仍有善心人

內部的害群之馬

政府昨日回覆立法會議員查詢「有多少公務員在反修例活動中被捕」，指出有 43 人被警方拘捕及調查中，並有 42 人遭停職處分，但卻沒有交代是否停薪。

何君堯議員詢問當局，會否考慮要求新聘任的公務員在入職時宣誓效忠《基本法》及香港特區政府。而政府則回應，正積極研究會否要求所有公務員宣誓擁護《基本法》和效忠香港特區。

香港回歸 23 年，才開始考慮是否要求公務員要宣誓擁護《基本法》和效忠特區，這雖然是天大笑話，但唯有嘆息說句「遲做好過唔做」，亡羊補牢，未為晚也。

市民大眾心知肚明，參與反政府反修例的政府公務員，又何止區區數十人這麼少？一些活躍社運的公務員，不僅被包庇縱容，甚至獲升級加薪。請問策劃煽動「黑護罷工」的公務員，至今有被停職或處分嗎？

最近港台英語時事節目「脈搏」（The Pulse）主持人訪問世衛助理總幹事，追問是否會考慮讓台灣成為世衛成員，及這個問題是否和香港有關？

請問香港電台的主持人及職員是否還記得「港台約章」中明列的「公共目的及使命」？其中包括「(i) 提供準確而持平的新聞報導、資訊、觀點及分析，以加強市民對社會、國家及世界的認識；(ii) 增加市民對「一國兩制」及其在香港實施情況的認識」，台長及主持人有盡到這些本分職責嗎？

　　今日《大公報》「井水集」欄目的評論題為「誰在包庇煽「獨」的港台記者」，文章最後一段寫道，「事實上，港台是政府的機構，其首長是政府委任的廣播處長，而港台的主管部門則是商務及經濟發展局」。港台儼然成了「三不管」衙門，每日在大氣電波中，散播反中仇中亂港言論，造成如此大的傷害，誰之過？

2020 年 4 月 2 日

爲何「國歌法」難通過

香港回歸後，根本是中國領土，只不過是在「一國」之下實行「兩制」，這是全世界周知的事實，但一些漢奸洋奴一直抗拒不肯接受，這亦是回歸 23 年來，「國歌法」一直未能通過立法的主因。

我有以下數個疑問：

1. 相信全球各國都會培訓國民自小學唱國歌，這是理所當然，放諸四海及各國皆准，爲何在中國領土的特區却可以例外？

2. 爲何全港多數學校都没有培訓學生唱國歌，是政府及各校校長默許？

3. 唱國歌是神聖莊嚴的事，爲何部分港人却帶抗拒和鄙視之心？因他們不承認自己是中國人？

4. 郭榮鏗作爲大律師及立法議員，他故意拖延不讓國歌法立法通過，該當何罪？他所屬公民黨竟全力支持維護他，他們是否全都持外國護照鄙視中國人？如果他們都是外國籍華人，他們有何資格阻撓國歌法立法？

政制及內地事務局局長曾國衞接受記者訪問時表明，《國歌

法》立法原意爲維護國歌作爲國家象徵的尊嚴，以及使市民尊重國歌，進行本地立法是特區政府的憲制責任。他強調，「表達意見的方式有很多，不一定要以侮辱國歌的方式進行」，而法案實施不影響言論自由，盼市民理性對待，這是至理明言。

《國歌條例草案》今早將在立法會恢復二讀辯論，有網民號召包圍立法會。警方部署大批警力在立法會及政府總部。不過，仍有許多暴徒以身試法，警方表示，早上 7 時許接報，10 多名穿黑衣人士在葵涌安捷街及大白田街一帶集結，縱火焚燒垃圾桶及雜物，之後迅速逃離現場。亦有網民發起今日於本港主要幹道慢駛，阻礙紅隧紅磡出入車輛往來。

警方在社交網頁說，早上有人在北角、天后、南昌及香港大學等港鐵車站，刻意阻礙列車車門開關，以硬物貼在列車門邊，令車門無法正常關上，職員清理有關物品後列車才能駛走。

今日這篇文章純粹討論「國歌法」。其實，反對國歌法立法及不想做中國人的人，既對中國看不順眼，大可一走了之。天大地大，至少你們暫時還可以移民台灣定居，跟隨蔡英文政府，何必勉爲其難留在香港「攬炒」，要無辜市民爲你們陪葬？

2020 年 5 月 27 日

爲何「小澳門」跑贏「大香港」

今期的《亞洲週刊》封面以「澳門回歸 20 週年，特首賀一誠新布局」爲主題，講述澳門回歸後的飛躍發展和驚人成就。

如果說面積 1,106 平方公里的香港是「彈丸之地」，面積只有 33 平方公里的澳門就更小了。過去近百年來，一向稱「大香港」和「小澳門」，爲何澳門今天在許多方面都跑贏了香港？

我們用數字說明一切。回歸 20 年來，澳門本地生產總值 GDP 竟然增長近八倍，從 1999 年的 519 億澳門元 (下同)，增至 2018 年的 4,447 億元，實現跨越式發展，人均 GDP 也由 1999 年的 12 萬元，躍升至 2018 年的 67 萬元，成爲華人社會最富裕的城市。回歸前澳門人均 GDP 僅爲香港的一半，如今澳門却是香港的兩倍，持澳門護照可以往 144 個國家免簽證。

澳門特首賀一誠在接受訪問時，並不因這些數據沾沾自喜和自滿，他指出，香港是個國際金融中心，澳門只是一個金融中心。對於有輿論認爲，中央現在看好澳門，淡化香港，賀一誠並不同意這個觀點，他認爲澳門在金融法律方面尚有欠缺之處。

澳門原來有一個基金會，一直在推動「澳門學」的發展，據

該會主席吳志良說，「澳門學」是要從學理上研究澳門從哪裡來？現在位處哪裡？要往哪裡去？「澳門學」的功能是要把澳門的歷史和社會搞清楚，樹立正確的價值觀，把澳門的命運和國家的命運結合在一起，將我們的視野拓展到世界的視野。

吳志良指出，「澳門現在主動建立一個價值體系，這個價值體系符合澳門歷史發展和規律，也要符合澳門現實情況，有媒體和教育工作者作參與，我們的歷史話語權就這樣漸漸回歸，反觀香港一直用的是英國人寫的歷史，立場偏頗。」不過，吳志良亦認為「澳門學」仍有許多地方可以完善充實。

作為一個地道香港人，我不會一味唱好澳門，錦上添花，但現在澳門的經濟發展確實一日千里，市民生活安穩，毋須擔心「黑暴」。最重要和最大的區別，就是澳人不會鼓吹「兩制」要凌駕「一國」之上，澳門人和國內同胞血脈相連，絕對沒有推動「本土獨立」的非分之想，這才是澳門跑贏香港的主因。

2020 年 4 月 20 日

香港最攞命的病毒是「港獨」

香港經濟這次所受到重創，遠較沙士時候更嚴重，是回歸以來最厲害的一次，原因是「新冠病毒」加「黑暴」，致令百業蕭條，各行業衰退，失業率高企。

其實「黑暴」是「佔中」事件的加強版，而「佔中」則發酵於「港獨」。在本地教育推行「去中國化」開始，學生便被強力洗腦粵語才是「香港國」的標準語言，排斥和歧視漢語「普通話」，更全力醜化抹黑中國和歪曲中國歷史，所以中學會考才會出現「是否同意1900年－1945年日本為中國帶來的利多於弊」的荒唐試題，成為全球華人的笑話———一個有血有淚的「笑話」。

傳播「港獨」的其中一個主要組織就是「教協」，教協會址內有「港獨」書籍出售，八九萬會員都是「黃絲」分子，是「反中仇華亂港」的忠實支持者，他們終日荼毒學子，看看在暴亂期間，教師煽動學生手牽手圍校以示支持暴亂，就可見教協影響力有多大了。

香港的教育已經腐敗到入心入肺入腦，原因甚多，最近我訪問何君堯議員，他說在港英時代，教育局非常重視教育，主要原因

是害怕教師教導學生成爲反動和抗爭港英政府分子，故此設有「督學」（類似教育幫辦）巡視各學校，但回歸後教育局却撤銷「督學」職位。

在黑色暴亂期間，警方拘捕暴徒中有逾四千名學生，其中十八歲以下佔近半數，年齡最小的僅有十二歲。「港獨」和「台獨」也有千絲萬縷的關係，黑色暴亂之後，有數百名暴徒逃往台灣避風頭，說明「台獨」勢力全力支持「港獨」。

最近激進本土派大搞所謂「黃色經濟圈」，帶有嚴重歧視性質，主要是排斥內地同胞和遊客。內地放寬自由行，帶旺香港經濟，內地消費者曾大受各大商場的歡迎。而今每逢周六日，各大商塲却充斥着「和你 sing」的搞事者，他們寧可唱衰香港，打殘香港，「攬炒」香港，這全都是和「港獨」思潮息息相關。

戴耀廷、葉建源和公民黨是「港獨」幕後策劃組織者，而香港最嚴重攞命的病毒就是「港獨」。

2020 年 5 月 20 日

政府開始踏出正確的第一步

政府終于踏出正確的第一步，將 31 名因牽涉非法公衆活動被捕公務員停職。公務員事務局局長羅智光表示，政府對相關人士的違法行爲採取零容忍態度，公務員作爲政府的骨幹，應在社會秩序受衝擊的時刻保持團結一致，支持政府的政策和決定。

民主派議員早前要求政府在公務員加薪議程中抽起警隊加薪的項目作獨立審議，政府予以拒絕。民主黨許智峯表示，警隊濫用暴力引起社會不滿，如果公務員事務局長羅智光回心轉意，同意抽起警隊加薪項目，或者同意鄧炳強出席會議，民主派議員就不會阻撓議案通過。

政府在這兩宗事例中，斬釘截鐵拒絕民主派無理要求，令市民拍掌叫好。

在可見的未來兩三年，泛民派和暴力派區議員肯定不斷有各種無理需索及搞事，例如新任泛暴派區議員在區議會唱「獨歌」，全港各區污染市民眼球的「連儂牆」遲遲難以清理完畢，「新公務員工會」的負責人顏武周帶領公務員和政府對抗，以及層出不窮的搞亂和「拉布」，政府必須站穩立場堅定應對，再不能像以

往般膽小怕事予取予求。

　　政府要贏回民心，就不能怕事避責，須迎難而上，以天不怕地不怕的勇氣去克服種種困難，才能帶動全社會掃清垃圾議員和黑衣暴徒，重新上路。

2020 年 1 月 10 日

泛藍須加強網絡戰

如果大家平心靜氣反省檢討最近區議會選舉泛民派暴力派本土派大勝，要承認一個事實，就是他們在網絡戰及針對青少年文宣工作方面的確做得好。

「五大訴求，缺一不可」，簡單易明，請問被捕的十二歲至二十歲學生及青少年，有多少人真正明瞭「五大訴求」的內容，其中內容是否合理合法呢？他們根本沒有弄明白，他們只知道喊口號，因為易講易記。

甚至參加百萬人遊行示威的大眾示威者，又有多少人真正瞭解「五大訴求，缺一不可」是否合理合情合法呢？我曾經向身邊朋友隨便做一個簡單民意調查，問他們是否知道「五大訴求」是什麼，只有六成人答對了，當我再追問他們其中兩項要求是否合情合理合法，他們都啞口無言或顧左右而言他。

如今我詳列何謂「五大訴求」：

一、全面撤回《逃犯條例》修訂草案（政府於 2019 年 10 月 23 日正式撤回）

二、撤回所有反送中抗爭「暴動」定性

三、撤銷所有反送中抗爭者控罪

四、成立獨立調查委員會，徹底追究警隊濫權情況

五、立即實行「眞雙普選」

如果要詳細解釋「五大訴求，缺一不可」的來龍去脈，相信要寫兩大頁紙都未必能詳細説明因由，但請問第二及第三項訴求合理合法嗎？即使普通市民都知道，第二及第三項的訴求是完全不合理不合法的。

我最近寫了篇文章《「政治迷幻葯」可以令人上癮》，指出台灣民進黨同樣是選舉運動高手，蔡英文執政四年經濟下滑，民怨甚高，但蔡英文借抨擊香港「黑暴」是「一國兩制」失敗，來恐嚇台灣民衆，宣揚只有民進黨領導下才能繼續保持「台灣自由民主」，最後獲得大勝。原來，靠嚇就可以取勝。

我感到最心痛的，是在「黑暴」中見到愛國之士如何君堯和伍淑清女士，黑色暴徒竟可任意抹黑和破壞他們的業務，中聯辦國徽竟可被塗黑，中資銀行機構竟受到嚴重破壞，國旗竟可被暴徒撕裂焚燒和丟下海中，香港過往自豪和尊重的「法治精神」爲何突然消失？爲何中大淪爲「暴大」，理大成爲兵工廠？爲何「五大訴求，缺一不可」成爲天條不能修改？

泛藍及建制派必須痛下決心改善網絡戰及對青年文宣工作，今

後選舉才有勝算希望，只有「止暴制亂」「撥亂反正」，香港才有前途和希望。今後再不能令市民和選民對「政治迷幻藥」上癮，以至迷失理性和方向。

2020 年 1 月 19 日

從速建立「區議會監督小組」

警務處處長鄧炳強及政府人員昨日在荃灣區議會上中途離席。政府發言人表示，警務處處長作為部門首長，希望與區議會溝通，但多位區議員在會議及臨時動議上對處長及警方作出不實指控，並使用侮辱性的言論，令人遺憾，因此政府人員離席。

一哥鄧炳強首次出席的新一屆區議會是中西區區議會，會議上多名泛民議員對他質詢警隊的執法，他都氣定神閒，以不卑不亢的態度回應，事後獲特首林鄭大力表揚，認為是各級官員的楷模。

請看看以下泛民議員在議會上無理，無聊和無禮的言行。

中西區區議會主席鄭麗琼說：「在警署裏面有警員強姦被捕的女士，請問處長有多少宗？還有『被自殺』，很多時我們每日都見到，請問有多少人？」

鄧炳強回應：「到目前為止，有一位女士曾經作出這樣的指控。我們調查完，正循『誤導警務人員或作假口供』的方向調查。凡是跳樓、凡在海邊找到浮屍都說是警察殺的，這只是完全沒有真憑實據、煽動仇警的一些指控。」

區議員何致宏問：「你拘捕了七千多人，當中只有38人定罪，

為何你會說拘捕的就已經是『暴徒』？」

鄧炳強說：「在街上放火、打爛東西，對於這些人，除了『暴徒』之外，我都不知道應該用其他什麼形容詞。」

何致宏又說：「如果你沒有能力的話，你應該下台問責。」

鄧炳強表示：「不好意思，我不是問責官員，我沒法問責下台。我理直氣壯，做得好，只是一些懼怕我正義的人想我辭職。」

鄧炳強在會後形容，今次區議員的發言大多數是情緒發洩，又指自己作為警隊首長未來會陸續到其他區議會，繼續解答地區關心的問題。

事後政府呼籲有關議員聚焦民生事項，作出理性討論，希望能在互相尊重和理性討論的原則下與區議會合作。

其實當泛民派在區議會上大勝，我已經預料到日後區議會的正常運作一定失控，因為所有這些泛民派區議員都會模仿立法會泛民派「大哥大姐們」行徑——不務正業、大吵大鬧，以政治先行，不理民間疾苦。

泛民派議員不管是在立法會或區議會，都只是外國勢力的政治代理人、政客和政棍，他們的神聖任務就是「五大訴求，缺一不可」，「光復香港，時代革命」，至於政府公務員是否獲得加薪，重大民生工程能否獲得撥款，他們一概以「拉布」抗議方式處理。

香港聲譽受損，經濟急速下滑，百業蕭條，春節後零售和飲食業會有倒閉潮乃至失業潮，泛民派議員根本不會在乎。

區議會選舉這場結果是殘酷的，無辜市民和老百姓只能無奈面對和忍受，現今唯一可以做的，便是從速設立「各區區議會運作監察小組」，將區議員無理無法無恥的言行發布在網絡上，起到監督作用。我們可以號召各區同鄉會，宗親會，工聯會，各行各業工會組織設立這些「監察小組」。

我們再不能任由這些泛民區議員繼續無法無天，無恥羞辱政府各級官員，以及做損害區內市民利益的事，大家做做好事吧。

2020 年 1 月 23 日

目前香港的「法治」情況

在新冠肺炎疫情嚴重之際，為何我今天偏離這個話題，而講「香港法治」？因為我深信疫情就像沙士般，會在一段時間消失，但香港法治問題的嚴重性，卻是當今重創香港經濟及所造成有亂象的禍源。

去年6月「黑暴」後，經常有人說「警察捉人，法官放人」，請問大家又是否知道，警方在去年暴亂中逮捕了7,000多人，至今又有多少人被判刑呢？法官是輕輕放過，還是予以重判呢？如果沒有嚴刑峻法，又怎能起到阻嚇作用呢？

香港於九七回歸時，是照單全收原有的法治體系，它能有效保護原殖民者的利益，但是能增進香港本身的利益嗎？能體現「港人治港」的精神嗎？「法治」既是香港制度的本質，但也是維持既得利益(尤其是英國利益)最有效的工具。全盤保留下來「法治」體系，已變成外國勢力固若金湯的話語權。它既是特區政府的有效「監督者」，也是香港作任何改變的最有效阻力。

國務院港澳辦主任張曉明曾發文指出，香港未完成23條立法，是近年「港獨」不斷加劇的主要原因之一，建立健全維護國家

安全的法律制度和執行機制成爲特區政府的緊迫任務。

爲何反對派及泛暴派極力反對 23 條立法？請看 23 條全文內容：「香港特別行政區應自行立法禁止任何叛國、分裂國家、煽動叛亂、顛覆中央人民政府及竊取國家機密的行爲，禁止外國的政治性組織或團體在香港特別行政區進行政治活動，禁止香港特別行政區的政治性組織或團體與外國的政治性組織或團體建立聯繫。」因爲他們深知二十三條立法，就是他們頭頂上的金剛箍。

反對派的眼中釘何君堯議員，最近重提政府要加緊將 23 條立法，可惜見不到媒體大幅報導何君堯的提議（一個非常詳盡而切實可行的方案）。

如果大家注意到「反中仇中亂港」的組織，正積極組織並新成立大大小小的工會，包括「醫員陣綫」、「港龍航空空勤人員協會」及「港鐵新動力」等工會，他們幕後都有很大的財力人力物力支持，「星星之火，可以燎原」，只須看「醫員陣綫」發動罷工的威力，如果這些新工會成立後發動各種罷工，他們對香港的殺傷力遠比這次新冠疫情更爲嚴重和巨大。

在中美博弈時，我曾撰文說「美國不用一兵一卒便可以打殘香港」，眞是不幸而言中。現今何君堯議員急市民所急，並看見未來的危機，促請從速落實 23 條立法，在此籲請建制派必須同心

協力支持，更希望市民認請香港的危機，大力支持。

2020 年 2 月 11 日

反中仇警的人全是泛民派支持者

「今晚眞係瞓着都識笑」，「最緊要人有事」，一名任職政府身爲行政主任黃詩蓓女士（Cally Wong），得悉有警員染上「新冠肺炎」，便在其 facebook 帳戶發上述帖文，這位黃女士是泛民派本土派忠實支持者。

一位任職銅鑼灣孔聖堂中學的署理副校長何栢欣先生，很有中文文學修養，在臉書上發表一首「藏頭詩」，每首詩首字串聯一起，便是「黑警死全家，一個都不能少」。何柏欣一向是「黃絲」教師，他在全港唯一一間以弘揚儒家學說爲辦學宗旨的中學任教，眞是羞辱該校園內一尊孔子雕像「萬世師表」，枉爲人師。

愈來愈多証據顯示，教育界內有甚多類似何栢欣的「黃絲」教師，在政府內有很多類似黃詩蓓的公務員。

這個社會眞奇怪，「黑護罷工」令無數病患者受害，但卻甚少人在 facebook 上詛咒「黑護」；而反對派暴力派頭面人物帶領暴民打殘香港，卻甚少見到有人上網詛咒這些歹毒心腸的泛民派頭頭。

人的生命都同樣寶貴，不應因政見不同便持「順我者昌，逆我

者亡」心態，泛民派及暴力派多年來散播煽動「對立和仇恨」因子，就成爲今日社會的「惡果」，現今港人要吞下惡果，這是值得大家反思的問題。

2020 年 2 月 25 日

反對派區議員都是如此卑鄙無恥

反對派深水埗長沙灣區議員李文浩在其長沙灣辦事處門口貼上，『「藍絲」與狗不得內進』，及『本辦事處不為「藍絲」服務』的字樣。這根本是侮辱深水埗及長沙灣區的選民，為何會選出一個「畜生」都不如的人做他們的區議員，這些支持者會否悔不當初？

這位黃毓民的徒弟，走「本土派」路綫，一向是激進分子，又大力支持「光復香港，時代革命」口號及民陣各項活動。

同屬深水埗公民黨劉家衡區議員，與李文浩共用辦事處，在他的 facebook 上貼文『「藍絲」與狗，不得內進』，又表明『「藍絲」與狗不會獲派口罩』。他又在 Instagram 帳戶的簡介上，寫上『「藍絲」與狗，恕不招待』。他曾在區議員辦事處上掛橫額「願香港制警惡除警姦」，後被警方勒令移除。

公民黨一向標榜爭取人權民主自由，原來在該黨黨員心目中，只有「黃絲」才可享有，「藍絲」不僅不得享有，只能獲狗的待遇。請留意，劉家衡擁有法律碩士學歷，卻無視平等和公平，對政見不同人士出言侮辱，他真是連禽獸都不如。

泛民反對派及本土派在區議員選舉中大勝，就選出這些垃圾

及連禽獸都不如的人，我曾爲文《原來政治謊言可以把香港置於死地》，反對派本土派支持者要「攬炒」全港市民，我們眞的要和他們同歸於盡陪葬？

2020 年 3 月 7 日

爲何香港變成「哭泣的城市」

從「佔中」事件開始至去年的「黑暴」，再加上近期發生的新冠狀肺炎疫情衝擊，眞是雪上加霜，香港經濟開始懸崖式下滑，百業蕭條，加上「黑暴」摧毀城市設施和治安，更加令人心惶恐不安。

中國內地肺炎疫情已初步受控，相信不久後就會平安度過難關，經濟會開始回穩和再現生機，但香港這個「哭泣的城市」能否回復昔日安定繁榮，我個人看法並不太樂觀。

我對中國內地樂觀的原因，是由於國家實力雄厚，國民萬衆一心共同抗疫，經此一役，他們會更凝聚力量去奮戰經濟，爲自己和國家創造一個美好家園。

反觀香港，經過「黑暴」後元氣大傷，社會依舊撕裂對立，黃藍之間的仇視敵對難以消弭。一個小小的區議員辦事處，門口竟張貼『本辦事處不爲任何「藍絲」提供服務』及『「藍絲」與狗不得內進』。這位喪盡天良、滅絕人性的「黃絲」區議員，其後在 facebook 中的辯解，不僅毫無悔意及羞恥心，更揚言會繼續維持此作風。

反對派立法會議員急忙去美國告狀，要求美國以《香港人權與民主法案》去監督香港運作，這簡直是邀請賊佬入屋打劫。不要輕視這些區議員及立法會議員的影響力，一個區議員要得千多個選民投票支持才能當選，而立法會議員更需以萬計選民投票才能當選，看看立法會反對派議員終日不務正業，只顧拉布抗爭，連 300 億元濟急扶危撥款及公務員加薪都幾乎不獲通過，再加上他們終日散播反中恐共的言論，他們的存在本身，就是香港社會的隱患。

　　香港從一個安定繁榮的城市變成一個「哭泣的城市」，這個故事真是一匹布咁長，原因數之不盡，已非本文可以詳盡解釋，更遑論找出原因及提供解決辦法。

　　中國從英國政府手中收回香港 23 年，不論是政府架構，司法制度，教育方針，及傳媒管理等等基本上原封不動，都跟不上日新月異的情況，問題叢生在大亂之後能否大治，須把脈問徵搞清楚，方能下藥治理大病之軀。

2020 年 3 月 13 日

受人「另眼相看」的職位

　　往日任職如立法會議員、大學校長及教授、中小學教師、醫護人員、社工、記者的人士，都備受市民尊重。今時今日，由於這些行業中有些敗類胡作非爲，其言行令人齒寒，市民已無法再如以往般敬重他們，同業中的善良傑出人士的清譽也被他們拖累，這是誰之過？

　　例如立法會反對派議員多年來惡作胡鬧，只有破壞毫無建樹，在立法會內只是大聲夾惡羞辱出席會議的高官，罵幾句便被抬走收工，而每人每年薪俸連津貼盛惠逾三百萬元。更過分的是，他們對政府申請撥款開展的民生各項重大工程，乃置購置醫療用品和警方裝備，都刻意拉布阻攔，如此議員，怎對得住選民和廣大市民？

　　九間大學校長任暴徒在校園鬧事大肆破壞，卻寫一封公開信，指這是政府無能及社會之錯，諉過於人，怎能服眾？中大在校長段崇智帶領下變成「暴大」，這是中大最黑暗時代，他將成中大罪人。

　　「黃絲」教授、教師多年來苦心經營，將大學生及中小學生培育成「黑衣暴徒」，他們最大的成就，是使逾四千名暴徒學生淪

落到被警方拘捕的地步，這些學生前程盡毀，無數家長傷心落淚，但那些「黃絲」教授、教師卻依然在教壇上播毒而不受問責問罪，何故？

「黑護」在疫情嚴峻之時發動罷工，令一些長期病患者因得不到及時診治而加重病情，葉劉淑儀議員現正為他們申張正義，討回公道。

暴徒華麗轉身為「黑記」，不是公平報導暴亂實況，而是故意阻撓警方執法，抹黑警方止暴制亂的行動，政府對傳媒的自由放任便造成了今日局面。

我已無興趣指責部分政府高官的無膽無能無恥，這已是眾所周知的事。

2020 年 3 月 28 日

香港有太多「社會精英」認賊作父

多名香港社會名人，主要是反對派頭面人物，如黎智英、李柱銘、陳方安生、郭榮鏗等，數月前輪番前去美國華府叩見政壇要人，獲接見拍照留念，覺得皇恩浩蕩，光宗耀祖，回港後更落力為主子效命。

他們無視特朗普出言不遜，咄咄逼人，三番四次抹黑中國，又多次恫嚇要用種種手段制裁中國，最近更指中國對新冠肺炎疫情處理不當，要追究責任，並發動一些國家向中國索取巨額賠償，或對中國貨品加徵關稅，這是新版的「八國聯軍」。

美國過往就是採取此種態度和手段，打垮日本經濟，令日本經濟不振和衰退 20 年之久；又對古巴、伊朗及委內瑞拉採取經濟及貿易制裁，令這些國家經濟長期低迷，人民生活艱苦。美國為奪取中東石油資源，出兵攻打伊拉克和敘利亞等國，造成人道災難，令無數家庭破碎，家破人亡，妻離子散，數以百萬計的難民投奔怒海，偷渡到歐洲各國。

現今美國對中國又重施故技，蓬佩奧恫嚇說香港若實施「23條」立法，美國就會對香港實施「人權與民主法案」，該法案要

求美國政府制裁負責侵犯香港人權的中國及香港官員，這是赤裸裸的干預中國及香港主權，泛民反對派當然拍掌歡呼，這是他們夢寐以求的事。

當中聯辦及港澳辦發聲，指責郭榮鏗在立法會拉布半年，令許多涉及重大民生法案以及「國歌法」不能通過，泛民反對派立即跳出來指中央干預香港內政，破壞「一國兩制」，粗暴打壓香港的民主人權自由。

香港這些社會名人及意見領袖，為美國主子效忠，煽動策劃「佔中事件」和「黑暴」，破壞香港法紀，擾亂社會秩序，和重創香港經濟，更斷送無數青年人的前途，這些名人及領袖為一己之私利或為一黨之利益，可以甘願「認賊作父」，這就是今日香港動亂不安、經濟不振的禍源。

2020 年 5 月 4 日

不提「和平」只提「统一」

中央多年來在人大政協會議，政府報告中談及台灣問題，大多數會用「和平統一」字眼，今屆則改為「堅決遏制台獨促進兩岸統一」。

蔡英文自從上台作為台灣領導人後，她放棄了「九二共識」，和中國大陸漸行漸遠，她在經濟政策上主張「南行經濟」，不再依賴大陸，並且態度上積極傾向美國，在島內推行去中國化教育，形態上已由以往的「內部矛盾」演變成「敵我矛盾」，即是說，不是你死，就是我亡。

這次中央放棄用「和平統一」的字眼，相信消息傳往台灣後，定必引起議論和震盪，餘波未了，究竟台灣未來何去何從，大家拭目以待。

這就等如中央在兩會期間宣布全國人民代表大會授權全國人大常委會制定適用於香港特區的維護國家安全制定法律條文，相信中央一定作了全盤考慮，包括香港社會的反應，以及美英等國的反制措施。在經歷了去年六月以來的「黑暴」後，中央深知再不出手堵住香港在國安法律的漏洞，香港定必被打殘和「攬炒」，

港人亦將在惶恐不安中度日。

　　中央這次出手為香港特區立維護國安法，顯示出中央在維護國家主權和安全及領土完整問題上，是有絕大的決心和能力去面對任何困難及挑戰，這亦對台灣有一個警示作用。

2020 年 5 月 23 日

無掩雞籠

每次在電視機看「黑暴」，畫面中，一大群黑衣暴徒襲擊警隊時，總有一群人穿着黃色「記者背心」出現，有時做保護暴徒的前鋒，有時穿插其間聯絡支援，有時還刻意拍攝警方鎮壓拘捕暴徒鏡頭，翌日在「黃絲」傳媒上誇張煽情，報導警方用過分武力對付「市民」，對警員執勤中受傷，血流披面的情形則隻字不提。

原來，數名中學生建一個網頁，就可以搖身一變成為「現場記者」，有些探訪記者只是十餘歲，建制派議員曾力竭聲嘶，呼籲必須管控「記者証」，但「黃絲」「記協」則堅稱無此必要。

「言論自由」和「新聞自由」已成為反對派及本土派護身符，把抹黑中央政府和特區政府視為替市民「伸張正義」，而中央政府和特區政府發聲譴責滋事分子搞亂社會，以及反對派議員擾亂立法會正常運營及「拉布」的行為，就是「打壓」言論自由和新聞自由。

香港官營電台由一個美籍華人操控多年，建制派甚至梁振英多次指責，港台依然造謠生事，政府置若罔聞。

在今期「亞洲週刊」的何君堯專訪中，他大胆指出，在十八

萬公務員隊中，有三分二是黃絲人士，否則如何解說上述種種畸形現象？

「物先腐而後蟲生」，這是千古不移的定律，大家可以看見今日香港各方面情況，如教育、傳媒、立法會等，無處不見反對派及本土派手影，中央如不出手祭起尚方寶劍，香港勢必被打殘「攬炒」。

有良知血性的香港中國人，醒覺吧！

2020 年 5 月 26 日

第三章

生於亂世的香港人

生於亂世的香港人

有人會說這個標題是誇大其詞，其實不是，亂世不一定是在戰爭時才會有，我所指的「亂世」，是人心惶惶、社會混亂的世界。

中美博弈不僅是在經濟及貿易展開，美國目前除了軍事外，已向中國全方位開戰，包括外交、間諜、科技、文化、宣傳等，是用盡一切手段打壓中國。

美國國會通過了《香港人權與民主法案》，該法案要求美國國務院每年進行一次審查，以確定香港政治地位的變化，是否有理由改變美國和香港之間獨特的貿易關係。這是赤裸裸干預香港內部事務。去年「黑暴」，到處都見到美國的手影，美國心懷鬼胎全力支持「港獨」，香港怎會不亂？

香港回歸 23 年來，只是享用過往辛勞成果而不思進取，仍以「文明優越眼光」看待自己，而看不到內地天翻地覆的變化和科技進步的成果，以及六億人口脫貧的世界壯舉。無他，部分香港精英和意見領袖用放大鏡觀察中國種種不是，卻用望遠鏡看自己不足之處，更可悲的是，偏執扭曲的教育毒害了一代年輕人的心智。

香港歷經暴亂和經濟洗劫，已由一個經濟城市轉為政治城市，

「港人治港」變成「港人亂港」。香港回歸時全盤接收英國殖民地時代遺留的一切，不論是司法、教育還是政府架構，如今都變成負累，滿布地雷，稍微處理不慎便有車毀人亡之虞。

從去年的「黑暴」到今年的「黑護罷工」，以及去年反對派和本土派在區議會選舉中大勝，從他們叫出「光復香港，時代革命」的口號，叫囂要「攬炒」中可以看出，愛港愛國的人們，正面臨着一場嚴峻的考驗。

但是，「物極必反，否極泰來」，大亂也會帶來大治。我相信「懲罰好人的年代」必將過去，相信中央必能洞察香港民情，下重手讓香港社會重歸正軌，令民心回歸安定，這是生於亂世香港人的小小心願。

2020 年 3 月 11 日

香港仍有善心人

這班惡人終於有惡報

警方昨日大舉出動，拘捕了黎智英李柱銘等 15 名反動派知名人士，他們涉嫌於去年 8 月及 10 月期間，「組織未經批准的集結」和「參與未經批准的集結」，「黑暴」的釀成與他們的煽風點火有千絲萬縷的關係，不僅擾亂社會法治，亦對香港經濟造成嚴重衝擊，可謂「罪大惡極，惡貫滿盈」。

這批反中亂港的頭目被捕，真是大快人心，這些心腸惡毒的壞人，經常煽動香港年輕人去「勇武」「攬炒」，充當其政治棋子和炮灰。

李柱銘獲保釋出來時說，「我舒服晒，因為這麼多年來見到太多大好青年被捕，而我沒事，其實我內心過意不去……」，這種虛偽假慈悲，聽後令人感到嘔心反胃。

公民黨楊岳橋大聲指責這是政治打壓，批評港府「政治上秋後算帳，借抗疫之際，做政治上骯髒下流活動」，民主黨胡志偉則斥港府製造寒蟬效應。

我常說，「善有善報，惡有惡報，如果未報，只因時辰未到」，真是上天有眼，市民真是要焚香還神燒炮竹慶祝。

不過，香港的反對派這些年暗地里掘下了了許多「蟻穴」，絕對不會拉了幾個頭目，這些爲害社會的「蟻穴」便會自動銷聲匿跡，反對派和本土派的海外主子美國絕對不會甘心罷手，市民仍須警惕未來有挑戰和動亂發生。

2020 年 4 月 19 日

教協不除　後患無窮

今早收到一輯短片，拍攝的內容是「大埔區中學生集會」，標題是「無懼白色恐嚇」，全片充斥着演講者侮辱警隊，對政府不滿的言論，煽動學生要「起義」抗爭，保護仇警辱警的教師。

香港教師中心諮詢管理委員會改選，教協力保操守失德的「仇警教師」賴得鐘連任教師中心委員。另外，在近期暴亂中，有 80 名教師及教學助理被拘捕，教育界立法會議員兼教協負責人葉建源妄言，教育局要求學校把被捕教師停職是「未審先判」，教育局絕對不能如此做。他這種橫蠻無理的說法及包庇犯法教師，根本罔顧法治精神。

賴得鐘是何許人也？他曾担任考評局通識科委員會主席及香港通識教育教師聯會外務副主席一職。據傳媒揭發，賴得鐘在社交平台上，將仇警標語作爲專頁頭像照片，並詛咒香港警察及其家人全部死亡，被形容爲「恐怖教師」。

此外，教協成員張錦輝曾掌摑 9 歲男學生 14 巴掌，被控傷人罪成。其後他改名爲「張鐘謙」擔任校長助理，經揭發被裁定罪名成立，裁判官更訓斥張應及早認罪，不應浪費大量公帑。

「黃絲」教師在校園煽動學生欺凌警察子女，受虐待學生慘遭孤立嘲笑，更出現自殘行為。香港為何有如此多「黃絲」教師？因他們全都是「反中仇中」教協成員，奈何？

古有明訓，「要亡其國，先滅其史，再滅其子」。香港教育局取消中國歷史科，令學生無法認識博大精深的中國歷史和中華文化。中學校長在畢業典禮中，容許畢業生致辭「以不做中國人為榮」。這種洗腦式教育，培育出來的青年學生，揮舞英國旗美國旗及殖民地旗，耀武揚威在街上游行。

教協以鬥臭鬥垮中國共產黨為本，這明顯是一個徹頭徹尾的政治組織，但其成員卻是九萬個教師，其禍害之深遠，根本無法估計。

所以説，教協不除，後患無窮，沒有人敢説出口，就由我説吧。凡事要講事實和證據，教協夠膽否認上述確鑿證據嗎？

2020 年 1 月 20 日

一條「定海神針」的法例

全國人大昨日舉行記者會，公布今年其中一個議程將審議《關於建立健全香港特區維護國家安全的法律制度和執行機制的決定（草案）》議案，人大發言人張業遂証實了此事。

這條議案尚待全國人大審議通過，但已立即引起英美關注，香港反對派亦馬上跳出來，因爲他們都知道此法例之厲害，本文會詳列各方反應，並會講出英美媒體及「黃絲」傳媒不提的事項。

前港督彭定康表示，若果中國對香港實施港版的國家安全法，是對香港自治的全面攻擊。他在接受英國廣播公司訪問時，批評中國在國際社會全神貫注應對新型冠狀病毒的時候，欺凌及騷擾香港及其他地區。他表示，英國首相及外相應該與國際間的盟友商討事件，要繼續視香港爲國際間的重要城市，又質疑中國是否繼續信守承諾。

英國廣播公司的評論指出，中國當局決定在香港落實「港版國安法」，勢將引起國際社會及香港的強力反對。

美國《紐約時報》認爲，內地的做法是要進一步收緊對香港的管治，將蠶食香港的自由。報道指出，中方認爲需要制定這種

法律，維護國家主權，防範決心要破壞中共統治的外部勢力。《華盛頓郵報》則形容，中方以歷來「最大膽的舉措」去削弱香港自治，全面控制香港，又指北京當局因應香港去年的大規模示威，採取全新的策略，要令這個被北京視為不平靜的地區，服從於北京。

民主派會議召集人陳淑莊表示，人大或中央政府決定繞過立法會，為香港就國家安全立法，形容是「一國一制」在香港正式落實，又指看不到行政長官林鄭月娥還有任何管治空間。

本人大膽分析，香港反對勢力愈趨偏激，中央是被逼出手，不會畏懼反對派，亦一定考慮了到一些國家如美國會對香港採取的措施。

美國國會早前已通過並經特朗普簽署《香港人權與民主法案》和《保護香港法案》，美國國務卿據此將每年審視香港自治情況，決定是否繼續給予香港特殊地位，包括是否繼續成為獨立關稅區，及授權美國政府可對侵害香港人權的人實施制裁。美國認為此法案對中國極具阻嚇作用。

不過，請大家留意大陸極具權威的《環球時報》報導，「建立起國家安全的這道屏障，香港的特別行政區地位將更加鞏固，其獨特政治制度將得到更加正常的維護，而不會被國際風雲劫持。香港的資本主義將更多呈現其與發達社會共同的特質，而不是與大

量動盪的不發達社會為伍。這是香港廣大民眾的根本利益之所在。廣大內地民眾真心希望香港保持與內地不同的政治制度，延續自己獨特的社會風貌。人們不願意看到香港『內地化』。我們相信，屬於香港特色的那些東西只會得到更好的維護，東方之珠將更加璀璨。」

在中美博弈之際，美國已赤裸裸地全面展開對中國的打壓和圍堵，中國亦深知美國會用香港作為籌碼對付中國，但在維護國家安全和香港長遠利益上，已不怕和美國硬碰。

希望港人清楚了解形勢，認清反對派只是外國傀儡和代理人，只想打殘「攬炒」香港，要港人同歸於盡。請大家明白本分，不再加入反對派隊伍，為香港穩定繁榮做些實事。

2020 年 5 月 22 日

香港人真正害怕的是什麼

自從中央宣布要訂立「港區國安法」，反對派一如過往出言恫嚇，胡說什麼若國安法在香港實施，港人日後就沒有人身自由、言論自由、新聞自由、集會自由。

中央官員已多番解釋，國安法只是針對極少數分裂國家、顛覆國家政權、組織實施恐怖活動以及外國和境外勢力干預香港事務的活動，正常的普通市民哪會參與這些事情？

其實作為一個有良知理性的市民，真正害怕的是子女被埋沒良心的老師洗腦煽動參與黑色暴亂，最終被警方拘捕成為階下囚，斷送一生前程。

市民害怕的是子女再目無尊長，不知「禮義廉恥忠孝仁愛」為何物，只知「光復香港，時代革命」，在學校講台上亂喻「恥為中國人」。

市民害怕的是子女讀了學校的教科書，竟不知「八國聯軍」，「馬關條約」和「鴉片戰爭」是何事，只學到「在 1900 至 1945 年期間日本對中國是利多於弊」的歪論。

市民害怕的是「警察捉人，法官放人」，司法不公，正氣不揚。

害怕的是「大狀黨」及教協胡作非為，弄得社會雞犬不寧。

市民害怕的是官營電台台長是受美藉華人操控，高官包庇縱容。害怕的是公務員隊伍中有太多「黃絲」分子，公立醫院中有太多仇視警察和不顧市民生命安危的醫護人員。

市民害怕的是樓價高企，望樓興嘆，申請公屋又要輪候多年，要捱貴租甚至要一家數口入住劏房。

市民害怕和担心的事數之不盡，至於「國安法」就由反對派、本土派、教協和記協這些唯恐天下不亂，心思思顛覆和分裂國家的害群之馬去担驚受怕、惶恐不安吧。

2020 年 6 月 6 日

原來政治謊言可以把香港置於死地

《一場集體催眠》是知名專欄作家屈穎妍最新作品，近期最為暢銷。她在書中指出，「黑暴」運動建基於謊言，讓真相浮現才能喚醒被集體催眠的人。

的確如此，當逾百萬人遊行支持「五大訴求，缺一不可」和「光復香港，時代革命」時，有多少示威者真正瞭解五訴要求的內容是什麼？是否合情合理合法？五項訴求中包括「撤回 612 抗爭的『暴動』定性和撤銷所有反送中抗爭者控罪」，這些無視法治精神的無理要求，合理嗎？

在「光復香港，時代革命」的口號下，黑衣暴徒四處破壞，嚴重破壞正常商業活動的運作，癱瘓交通和運輸道路及系統，令香港經濟懸崖式下滑，百業蕭條，失業率高昇，其實是「打殘香港，攞香港人的命」。

此外，經過香港四人幫及泛民反對派政棍努力遊說之下，美國國會通過了《香港人權與民主法案》，該法案要求美國國務院和其他美國政府機構每年進行一次審查，以確定香港政治地位的變化是否有理由改變美國和香港之間獨特的貿易關係。

《香港人權與民主法案》賦予美國總統權力，以「侵害香港人權、民主和自治」的名義隨意將任何人列入黑名單，禁止其入境，凍結其在美資產，以此展示國際社會對「香港自治」的支持。這其實就是讓美國總統對香港事務有話語權，並以「符合美國的利益」爲「對與錯」的標準。

　　這是反對派赤裸裸要求美國介入香港事務，干涉中國內政，最終達致「香港獨立」，絕大多數港人難道會認同此主張嗎？

　　這根本是侵犯中國主權和香港人權，但反對派及本土派卻美化爲「爭取香港人的人權民主和自由」，原來政治謊言眞的可以把香港置於死地。

2020 年 3 月 6 日

管治和懲罰制度失效了

要談論「香港政府和司法制度的管治和懲罰制度失效了」這個大題目，絕非三言兩語可説得清楚，更非這篇短文能做到。

但市民可看到的實情，就是社會上有很多破壞分子有法不依，政府執法不嚴，而「警察捉人，法官放人」比比皆是。「賞罰分明，論功行賞」是最簡單管理之道，政府和當今司法制度有做到嗎？

再看一些實例，「黑暴」期間，連儂牆遍布港九各區，宣傳煽動暴力抗爭，到處都是標語「五大訴求，缺一不可」「光復香港，時代革命」，甚至各區醫院都有此等標語，有官員問責受罰嗎？

作為一家公營「香港電台」，節目質素低劣，收視率奇差，又經常散播反中亂港訊息，這數百名電台公務員個個薪高糧準，「奉旨」唱衰香港和醜化大陸，梁家榮台長屹立不倒，這種制度和管治能令市民心服嗎？

管治效能（governance efficiency）指政府能否適切地制訂及實施政策，以回應社會訴求，從而妥善治理以促進社會穩定發展及進步。現今社會民怨沸騰，政府失去認受性和管治權威，管治效能肯定大幅削弱。

又看當今司法制度，前律政司司長梁愛詩曾指司法界過半外籍人士，沒有從中國國家利益的角度考慮問題；目前存在的「警察拉人，法官放人」，令人懷疑法官在判案時量刑過輕，另外，法官處理司法覆核案件的準則亦惹來質疑；此外，在法律解釋上也存在一些問題，包括法官解釋法律時，有多大程度上是憑自己的價值觀去解釋法例及考量判刑？

政府律政司部門何時能清理完去年「黑暴」中被拉的 7,000 多名暴徒檢控工作？法官又是否輕輕放過了襲警縱火破壞地鐵設施的暴徒？

要爭取市民支持，提高威信，政府必須改善行政效率及施政效果，只有政府管治取得成效，改善經濟、解決社會問題，才能增加威信。司法制度必須持平公正，才能令市民心服口服。

道理簡淺易明，爲何特首及各級官員「點極都不明」。

2020 年 3 月 15 日

全體港人受侮辱

深水埗區議員李文浩及劉家衡辦事處，門口張貼『本辦事處不爲任何「藍絲」提供服務』，及『「藍絲」與狗不得內進』字樣的告示，這根本是有違區議員服務社群的宗旨，亦是有違人性和道德底綫。

有市民立即向平機會（平等機會委員會）投訴，指字眼有歧視成分，不過平機會回應指，有關言論並不涉及現行 4 條反歧視條例，但平機會主席朱敏健認爲，區議員不應該拒絕服務區內任何市民。

然而，大律師馬恩國指出，上述告示是有違《種族歧視條例》——第 45 條「中傷」，而中傷的定義說明「向公衆分發或傳布任何材料」，包括「向公衆作出的任何形式的通訊，包括講話、書寫、印刷、展示通告、廣播、於屏幕放映及播放紀錄帶或其他經記錄的材料」，都屬公開活動，故李浩文的告示亦屬公開活動，可以根據此條法例去調查他，若實屬「中傷」，最高可判以 2 年監禁。

這是根據法律條文的說法，其實大家都可以判斷出，『本辦事處不爲任何「藍絲」提供服務』及『「藍絲」與狗不得內進』字眼，

是完全充滿偏見歧視色彩的。它罔顧區議員應服務社群的宗旨，更是對「藍絲」人士（泛指愛港愛國人士）的侮辱。

「黃絲」經常說「黃藍是政見，黑白是良知」，但上述的告示是完全違背良心，埋沒人性，這種說法傳出去海內外，令人知道香港區議員的人格和素養是如此低劣，更認清香港的部分選民原來是「愚民」，有眼無珠，選出如此質素低劣的人做區議員。我曾經多次為文指出，泛民反對派區議會大勝，就是全體港人受罪受禍的開始，真是不幸而言中。

原來，反對派區議員的「抱負和天職」，就是「政治凌駕一切民生民計」。我為全港有良知良心的選民心痛，他們無法選出真心服務市民的人上位，如今卻要遭受這些劣質區議員歧視和迫害，對他們公道嗎？

我們要對李文浩及劉家衡窮追猛打，絕不手軟，這是殺雞儆猴，對其他區的反對派區議員甚至立法議員有警示作用。

有人譏笑建制派和愛港愛國人士是一盆散沙，我們要趁此機會展示萬眾一心，一起拉下這兩位無恥的區議員，「士可殺不可辱」，中國人是不能被欺侮的。

2020 年 3 月 12 日

信息病毒更具殺傷力

在這場新冠肺炎疫情中，令人痛心的是，中國在抗擊自然界的有形病毒的同時，還不得不面對來自人為無形病毒的干擾。一些人總是以意識形態和偏見，渲染恐慌，甚至挑起種族歧視和排外情緒，這是完全違背倫理和人道主義精神。

警方前天（2月28日周五）上門拘捕黎智英後，蘋果日報便於昨天（29日周六）在蘋果日報刊登社論「滅聲——中共與港共的最後統治術」，文中寫「中共隱瞞武漢肺炎疫情，成功構建人類肺炎共同體，港共抗疫不力，成為千夫所指的罪人，……距屠殺抗爭者的最後瘋狂只有一步之遙。」

這種完全不顧事實的寫法，是蘋果日報一貫的作風，不足為奇，其實美國要在全球對中共「滅聲」，華爾街日報指「中國人是東亞病夫」，蘋果日報從未發聲噤若寒蟬，因為蘋果日報知道黎智英的主子是誰。

我昨日寫了篇《一篇充滿種族歧視的文章——「譚得塞這件豬骨頭」》，評論了蘋果日報專欄作者陶傑所寫的文章，他把世衛總幹事譚德塞形容為「豬骨頭」，又誣蔑譚德賽這位非洲黑人（埃

塞俄比亞人）一定受過中國好處，全文充滿種族歧視和偏見。

　　美國如今要向中國全面開戰（軍事戰除外），過往在香港豢養的一批代理人（立法局全體反對派議員及香港四人幫）和打手，現在是他們發揮作用的時候了。美國在香港進行的宣傳戰及網絡戰，極具殺傷力，殺人於無形，只需看看警方拘捕的 7,000 多名暴徒，其中有 4,000 名是學生，便可看見其殺傷力之大。

　　大家看見香港教育的敗壞，歪風邪氣蔓延，便可知信息病毒和傳播謠言的巨大殺傷力，為禍深遠，絕非虛言。

2020 年 3 月 1 日

「眼盲」又「心盲」

當警方拘捕反對派 15 名頭面人物後，反對派立即開記者招待會，指中央無權干涉香港內政，違反「一國兩制」的精神，又斥責港府太過容易向西環「跪低」，而英美等國立即發聲支援。

蘋果日報護主心切，指警方以涉嫌「非法集結」罪上門拘捕黎智英，是踐踏香港人最重視的兩項核心價值——新聞與集會遊行自由。這又是其一貫作風，用言論自由和新聞自由作護身符。當然它不會講自己的罪過——一直煽動鼓吹黑色暴力，破壞香港的社會治安和經濟繁榮。

「黃絲」傳媒（包括「傷港電台」）的巨大影響力亦有巨大殺傷力，造成「集體催眠」，日積月累的催眠令無數港人「眼盲」和「心盲」。

「眼盲」是不顧社會事實，幾句口號「五大訴求，缺一不可」，「光復香港，時代革命」，就弄到香港天翻地覆，「攬炒」同歸於盡。百萬港人參與遊行抗爭，反對派區議會大勝，數千名醫護人員不顧市民危疾參與罷工，這已說明一切。

「心盲」是指香港教育多年來失敗，教協處心積累製造出「恐

中反中仇中」氣氛，誤導無數青年和學生背離國家和民族，警方在「黑暴」拘捕 7,000 暴徒中，有 4,000 多名是學生，夠精彩吧？

這些青年和學生，有多少人認真讀過中國歷史「八國聯軍、辛丑條約和庚子賠款」的故事，又有多少學子真正知道「甲午戰爭和馬關條約」這些喪權辱國條約令同胞受苦受難多少年？

當今美國正製造新版的「八國聯軍」，叫囂新冠肺炎後要向中國索取巨額賠償，但美國爆發的 H1N1 流感和愛滋病，較當今肺炎疫情造成更多人染患和死亡，以及「雷曼兄弟」倒下令全球無數投資者損失慘重，美國有向其他國家賠償過嗎？

香港有太多人患有「認知失調症」和「眼盲、心盲」，有太多人受到「集體催眠」的影響，已經喪失了國家和民族的情懷，甚至連良知和良心都失去了。

2020 年 4 月 21 日

香港的「反中仇中」謠言

俗語有話：「人嚇人無藥醫。」古語亦有云：「謠言止於智者。」問題是原來這個社會智者並不多，更多的是蠢人和愚民。

假消息滿天飛，「趁你病，攞你命」。在這個艱難時刻，「黃絲」傳媒鋪天蓋地報導武漢疫情負面消息，製造假新聞說武漢及湖北省疫區死了數以十萬計的病人，只是地方不敢上報中央。

謠言又指，去疫區搶救的醫護人員因裝備不足，紛紛中招，疫情已迅速擴散至全國各地。散布這些謠言的人，居心惡毒。

不要輕視謠言的殺傷力，請看看香港要將「引渡條例」立法，被「黃絲」傳媒高明轉為「反送中」（即「反對送終」），「反送中惡法」，即使政府已宣布終止推行此法例，但反對派仍抓住「反送中」的話題大作文章。

蔡英文此次大選壓勝國民黨，亦是借用了港人的「反送中」遊行作示範，以港人受「中共統治」的水深火熱來恐嚇台灣選民，輕易贏得了選舉。

中共在統治和管理香港？港人生活於水深水熱中？民不聊生？「反送中」是條惡法？這些謠言和謊言，居然都有人信。

多年來「法輪功」可以大模斯樣霸佔半條彌敦道遊行，有警車護送，有警員維持秩序，他們揮舞橫額和標語「天滅中共」「推翻暴政」，號稱民主自由的台灣，會容許人民高呼「消滅民進黨」「殺死八婆蔡英文」嗎？

「五大訴求，缺一不可」，有多少年青人和港人明白「五大訴求」內容？合情合理合法嗎？「沒有暴民，只有暴政」，真的嗎？「光復香港，時代革命」，可以嗎？太平山下「老襯」（受騙者）何其多，信的人真多！

有許多愚民家長帶同子女參與遊行示威，最終這些人的子女成為了黑衣暴徒。警方公布被捕七千名暴徒，有近半是學生，最年幼的只有十二歲，這些年輕人就是誤信「五大訴求」，結果美好人生蒙上污點；據「大狀黨」黨魁楊岳楊說，「入獄的人都因有案底而令人生變得更精彩」，但楊岳橋會讓自己的子女「精彩」一下嗎？

「黃絲」傳媒誤導蒼生，他們假借「新聞自由」和「言論自由」，散播大量反中仇中言論和思想，毒害之深遠和禍害之大，卻少有有社會知名人士出面指責，要政府修補此缺口。

回歸 23 年，人心未歸，絕對與此有關。反正我不怕得失人，我再次呼籲所有愛港愛國人士大聲疾呼，要求政府修改新聞條例，

嚴格管控謠言的傳播，禁止虛假新聞的發布，不得抹黑攻擊國家，否則要予重判重罰，政府夠膽果斷執行嗎？

2020 年 1 月 30 日

「黑護」和「白衣天使」

用「罷工手法醫人」，這種為罷工找籍口的荒唐邏輯口號，是出自「醫員陣線」主席羅卓堯之口，而最莫名其妙的，是整套「醫員陣線」班子，都是以往搞慣罷工的人馬，他們玷污了那一襲神聖的白袍。

大家只要上網查閱羅卓堯背景，便大約知道「黑護罷工」原由。他就讀香港理工大學護理學時，以理大學生會外務副會長及學聯常委會主席的身份於金鐘參與違法「佔中」，參與非法集會，最終被捕。自 2019 年 6 月開始，積極參與破壞香港的暴行，經常參與於暴動及堵路、破壞焚燒公用設施及襲擊不同政見人士。又經常在 facebook 散布反政府、仇警、暴力言論。

請問特區政府：

這些「黑護」員工因對政府政策不滿，就可以隨意罷工？

如若其他政府部門員工，仿效他們的行為隨意罷工，這叫做「破窗效應」，知道其嚴重性嗎？

這批「黑護」員工無視疫情嚴峻形勢，無視病患者及出生嬰兒的安危，發起罷工行動，企圖激化香港與內地的矛盾，推動香

港與內地進一步切割，他們用心險惡手段卑鄙。而更加可恨的，是破壞了市民過往對醫護人員「醫者父母心」的良好印象，令香港醫學界留下污名。

中國會擊敗這次新型病毒是早晚的事，就連世衛組織都對此甚有信心，而在抗擊疫情過程中展現出來人性中的勇敢、善良、高尚，以及怯懦、惡毒、卑鄙，市民的雪亮眼睛也會看得一清二楚。

隔離疫情卻沒有隔離愛，但政府必須對「黑護」人員有一個了斷，賞罰必須分明，方能建立威信，請記住，對「黑護」仁慈，就是對盡忠職守「白衣天使」的殘忍和不公。

2020 年 2 月 7 日

令人看後感到心酸難過的新聞

新民黨主席葉劉淑儀正在為一些受「黑護罷工」影響的苦主追討公道，其中一個案例的苦主，原定要接受修補視網膜脫落手術，由於該主診醫生參與罷工而延誤手術，因手術黃金時期已過，即使其後再作手術，亦無法改善其視力的模糊，因此無法工作，慘被解僱，生活陷入困境，現在徬徨無助，非常無奈。這是「黑護罷工」觸發的真實個案之一，看後令人心酸流淚。

曾積極參與「黑護罷工」立法議員郭家麒，最近又趁口罩與防護裝備供應緊張之際，抹黑警隊屯積口罩，藉此破壞漸趨良好的警民關係，居心何其歹毒！本業為醫生的郭家麒，懷有如此心態，能令其病人安心嗎？

首名警員確診新冠肺炎的消息傳出後，反對派多個頭面人物立刻展示令人厭惡的興奮態度，其中立法會議員陳志全在個人社交網站稱，「非幸災樂禍，乃天理循環」，「港獨」藝人杜汶澤甚至稱：「鋸個扒！慶祝下！最緊要人有事呀～～～，咁多位阿Sir！飲杯！」，他甚至貼出自己手拿香檳的半裸照，狀甚得意，心性之涼薄，實在令人齒冷。

最近梁美芬和陳方安生一同上電視接受訪問時，梁美芬指香港是一家人，要同心協力抗肺炎疫情，但陳方安生被問及會否團結共同處理疫情，她竟聲稱「我們不是一個家庭」，即使疫情結束了，政治爭拗都不會停止。

立法會財委會昨日經十小時審議，以大多數通過撥款 300 億元設立「防疫抗疫基金」，59 票贊成 3 票反對，三位反對議員分別是陳志全、朱凱迪、鄭松泰，響噹噹的知名人士，根本無視中小企營商困難，和基層市民生活的困苦。

請勿忘這些社會知名人士舉起指揮棒和大喊口號，就可令無數人跟隨示威遊行「攬炒」，助泛民及本土派在區議會大勝。我們這些小市民可以有此影響力嗎？

原來香港的民智水平，就是支持「五大訴求，缺一不可」，「光復香港，時代革命」，只問顏色立場，不問黑白是非。

2020 年 2 月 22 日

警方拉黎智英敲山震虎

香港四人幫之首黎智英昨日突被警方上門拘捕，其餘被捕者還有李卓人及楊森，三人被控罪名是「8.31 未經批准非法集結」，黎智英則加控於 2017 年「刑事恐嚇東方報業集團記者」。

東方日報頭版標題，「時辰到，黎智英被捕，李卓人楊森同落鑊」，而蘋果日報頭版全版標題為「警突拘控黎智英，國際斥可恥，勢加快制裁」，語帶恐嚇，情急護主溢於言詞。

內地權威《環球時報》隨即在網上發出新聞報導，並刊發社評「正義再遲到，終不會忘了懲治黎智英此事」，社評直指「黎智英是香港禍國亂港的『首席漢奸』，他有錢，有行動工具（媒體），活動能量最大，因此行惡最多，用『人神共憤』這個詞來描述他，也最恰如其分。」

社評又指出，「黎智英本人已經與中華民族的大義決裂，將自己和全家的利益拴在了美英對中國的地緣政治圖謀上，無恥地蕩起現代漢奸的鞭轡。……黎智英又將自己貼上了『追求民主自由』的標籤。黎本人去年 7 月赴美，受到彭斯、蓬佩奧等人的接見，他無恥地將這些勾結當成證明自己是『民主人士』的金項鍊，

欺騙在政治上受到誤導的部分香港民眾。」

中共中央政法委官方網站「中國長安網」昨天亦在首頁顯眼位置發文，點名提及黎智英、李柱銘、陳方安生及何俊仁四人為「禍港四人幫」，他們互相勾連，沆瀣一氣，做盡賣港求榮的漢奸勾當。文章力數其「十四宗罪」，包括：操控綁架輿論，輸送政治黑金；政治捐款，賣港投美；修例「始祖」，反修例「先鋒」；唱衰香港，接二連三告洋狀，蠱惑民眾暴力亂港；自稱「香港良心」，實則「出賣良心」；利用所謂「新聞自由」，混淆視聽。

確實，「新聞自由」及「言論自由」絕對不是沒有底線及原則的。諸如抹黑誹謗、種族歧視、煽動群眾破壞社會治安、誣衊及抹黑國家威信，各國都是絕對不能容忍的，這是放之四海皆准的道理。

香港特區政府一向太過縱容了某些心懷鬼胎的傳媒，任由它們以「言論自由」和「新聞自由」的名義肆意攻擊特區政府及國家，歧視內地同胞，造謠煽動民意以求達到其政治目標。希望中聯辦駱惠寧主任關注此事，因為這涉及香港長治久安的重要因素。

我始終相信，善惡終會報，如果未報，只因時辰未到。

2020 年 2 月 29 日

反對派和教協何時才停止用青少年作籌碼

　　警方昨日在東區拘捕兩男一女，年齡介乎 14 至 15 歲，涉嫌在反對《國歌法》及港區國安法的遊行中參與違法活動，分別被控刑事毀壞和非法集結，警方不排除有更多人被捕。

　　最近又有中學生行動籌備平台，聯同「二百萬三罷聯合陣線」，將於本月 14 日舉行罷工罷課聯合公投，收集中學生對「港區國安法」的民意和罷課意向。

　　中學生行動籌備平台代表鄭家朗說，中學生罷課視乎社會形勢，包括「港區國安法」推行日期和細節，以及參與公投人數而定。被問到家長有可能不同意學生罷課，鄭家朗表示，罷課並非為一己私利，而且可能會受學校打壓、清算，呼籲家長理解及支持學生決定。

　　教聯會指出，網上出現多個自稱是中學師生校友發起的反對港區國安立法聯署，擅用師生名義作政治表態，將學校拖入反對國家的政治漩渦之中，干擾學校正常運作，對此予以強烈譴責。教聯會呼籲辦學團體、法團校董會在大是大非面前，果斷劃清界線，與反對國家的行為作出切割。

社交網絡流傳，有以師生及校友名義發起聯署聲明，反對港區國安立法，涉及學校數目超過 30 間。值得留意的是，教協對上述事件完全緘默，毫不表態。

警方在去年暴亂至今，共拘捕約 9,000 人，當中 3,600 人為學生，大專生佔 1,970 人。另外，被捕者中包括中學生和小學生，分別有 1,600 名中學生和 8 名小學生，年齡最小的僅有十一歲，這 3,600 名學生可能就此斷送一生前途，和人生蒙上污點。不過，這 3,600 名被捕學生的家長，是否校長、教授、反對派議員、大狀黨成員？大家心照不宣。

香港變成「哭泣的城市」，這些傷心飲泣的群體中，包括了上述被捕學生的家長。

犯法就是犯法，不管年齡或性別，違法者一經被定罪，就會成為終生烙印。家長亦會因自己未能教育好子女將痛悔終生。

2020 年 6 月 9 日

判案太慢太輕怎起阻嚇作用

據警方報導，反修例風波自去年六月至今警方共拘捕近 9,000 名示威者，當中超過 1,700 人被落案起訴，僅佔被捕示威人數約四分一，外界各方均認為起訴及檢控工作太慢。

被捕人數在 30 歲以下約有 5,600 人，約相等總人數八成，當中 3,600 人為學生，佔總被捕人數四成。大專生佔 1,970 人，以理工大學學生被捕人數最多，其次是香港大學和香港中文大學，至少有 570 名被捕示威者來自以上三間院校。

另外，被捕者中包括中學生和小學生，分別有 1,600 名中學生和 8 名小學生，年齡最小的僅有 11 歲，這 3,600 名學生家長會感到憂心、痛心和心碎嗎？

刑事檢控科去年增派副刑事檢控專員加入「特別職務組」，希望能加速律政司檢控程序，以免將案件堆積。前律政司刑事檢控專員江樂士不滿律政司對示威者投擲汽油彈行為僅以縱火罪起訴，質疑檢控決定過輕。

此外，尚有 5 名立法會議員和 42 名區議員，及有 25 名紀律部隊人員被捕，另有 12 人來自其他政府部門，市民都非常關注上

述人士的判刑是輕是重？

有關法院法官方面，曾公開參與「反修例」聯署聲明的高等法院法官李瀚良，早前審理一宗販毒案因指引陪審團時犯錯，導致本來被判囚 24 年的男子獲撤銷定罪及判刑。上訴庭頒布的判詞批評李官未有依循標準指引，錯誤引導陪審團，以致定罪不穩妥，犯上法律錯誤。

其實李瀚良法官過往亦曾判斷出錯，其中一例是一名回收公司前東主於 2015 年手持兩瓶天拿水和打火機闖入沙田好運中心一間銀行打劫，與警方對峙後被捕。他聲言其家人遭「大耳窿」威脅才犯案，而李瀚良法又誤導陪審團，因此撤銷原判的定罪和刑罰，上訴庭亦不滿此判案結果。

上述所有引述的數據及事例，都是有根有據而且均已公布，但香港目前對律政司檢控工作及法院的判案沒有一個監控機制及機構，未知「國安法」立法前，是否可以把上述情況加入考慮和予以改善之列，如果檢控太慢和判案太輕，市民怎會對香港司法制度有信心？

2020 年 6 月 5 日

一哥說得好

警務處處長鄧炳強昨日公布，警方自暴亂至今共拘捕了約7,700人，當中學生佔了四成。鄧炳強指出，現時不守法意識厲害，部分具有法律背景的人士更聲稱，「刑事案底使人生更加精彩災難」，情況令人擔心。

一哥沒有指名道姓上述那番話是哪一位法律人士所說，曾任公民黨主席楊岳橋大律師就自認曾經說過「入獄而有案底會令人生變得更精彩」，他慫恿年青人犯法去「精彩」，為何不叫自己兒女也去「精彩」一番，令他們的前途和美好人生蒙上污點？這樣的話，只有喪盡天良毫無人性的人才會說得出口。

香港回歸以來，政壇和社會精英及社會各界領袖，從來沒有一個人夠膽說香港會成為「法治災難」，因為他們深知，香港的「法治」制度本質是維持既得利益（尤其是英國利益）最有效的工具，而「法治」體系已變成外國勢力固若金湯的話語權。它既是特區政府有效的「監督者」，也是香港任何改變的最有效阻力。這些社會上頭面人物和意見領袖，從不敢得罪司法界和法律界人士，個個都明哲保身，不敢惹上官非。

香港過去一直說的是「行政主導」，但現時行政處於最弱勢，而司法卻是「一家獨大」，況且終審法院幾乎全由外籍法官把持，司法界法律界則遍布陳文敏及戴耀廷的門生，公民黨大多數為大律師成員，大家已可思過半。

　　「港人治港」變形成為「港人亂港」，原因數之不盡，重中之重是香港今日「法治精神」日趨低落。暴亂中被捕學生暴徒數字高達 3,091 人，佔總體暴亂人數為 40.9%，實在令人憂慮。稚氣未除青少年為何成魔變為暴徒，港人忍心見到治安情況日趨混亂，愈來愈多青少年成魔嗎？

　　「刑事案底使人生更加精彩」竟出自法律界人士之口，香港淪為「法治災難」區絕非無因。新冠病毒的疫情會在一段時間過去，但若不通過 23 條立法，香港將變成「法治重災區」，人人將生活於治安不寧的社會。

2020 年 3 月 3 日

怎樣才能止暴制亂

港大法律學教授戴耀廷日前在社交網上寫了一篇文章，稱「香港法治已死」，這位煽動摧毀香港法治精神的罪人，竟然說這番話，是否另有別情，口不對心？

的確，由「佔中」事件至去年黑色暴亂，市民常說「警察捉人，法官放人」，其實說出了大家對香港的司法制度已失去信心。警方公布在「黑暴」中拘捕 7,700 名暴徒，其中有多少名暴徒已獲判刑？究竟是律政司還是法院出了問題？

由於實行「一國兩制」原因，基本上，香港整套法律系統，包括裁判方式、法律語文、法官及律師資格，幾乎原封不動移交運作至今，終審法院更是幾乎完全掌握在外籍法官中，形成香港的三權（行政，立法，司法）中司法獨大，熟悉法律運作的公民黨成員深明法律漏洞，視法律如無物，故此其前任黨主席楊岳橋大律師，才會豪言壯語地說：「年青人入獄留案底令人生更精彩」。

環視全球各國，是不會出現對一個地區有主權卻對當地的法律沒擁有管轄權的，而這種情況卻出現在香港。泛民反對派最喜恐嚇和誤導港人，說司法權絕不能落入中央手中，否則所有外資

會即時撤走，香港國際金融中心地位立即不保。

大家是否知道，波多黎各受美國管轄，雖有自己的憲法，卻受制於美國最高法院，當地的法律是歐洲的大陸法（中國法律亦是跟隨大陸法的原則），而不是美國本土施行的普通法，但終審權是在美國最高法院。

香港法律精英最推崇美國法治精神，以下是一個實例，美國總統特朗普因不滿司法部對通俄門的調查，撤換了司法部長塞申斯 (Jeff Sessions)，又迫令特別檢察官穆勒 (Robert Mueller) 辭職。

相信大家都熟知外號「長洲覆核王」郭卓堅，為何他如此容易申請法援控告政府？東涌一位目不識丁老婆婆得到大狀黨支持，司法覆核令港珠澳大橋工程耽誤多兩年，浪費多 80 億港元，這都是熟悉法律漏洞刻意浪費公帑，損害市民利益的人士所為。

中國古有明訓，「治亂世用重典」，但至今法院有重判縱火和行私刑的暴徒嗎？如今戴耀廷高呼「法治已死」，是否要鼓勵更多年輕人「違法達義」，無懼法律制裁，將香港推向懸崖邊緣，令香港人生活於水深火熱之中，在無邊苦海中浮沉？

2020 年 3 月 9 日

誰來整頓一下香港電台

香港電台能屹立不倒，簡直是一個神話。

它的立場完全偏頗「黃絲」，而絕大部分工作人員是享高薪的公務員，又不愁節目收視只有 6,000 餘觀眾，多年來屢受批評而毋須作出改善，不論在公在私，這種經營方式都是「奇跡」！

這次引起大眾關注的，是該台節目《頭條新聞》抹黑警方，警方曾兩度去信廣播處長梁家榮，批評節目顛倒是非，誤導觀眾，港台顧問委員會也認為投訴有理，但港台員工仍然死撐，反而促請顧委會停止施壓干預港台日常事務。

我用事實去說明一切吧。香港電台電視部，於 2017 年回歸 20 周年紀念期間，該台播出的一集「城市論壇」，節目以「『一國兩制』大智慧，『呃（騙）足廿年』不堪提。主席贈言『信國家』，黑布紫荊慶回歸？」為主題。此節目播出後，被大量觀眾投訴，但港台就辯稱對「一國兩制」以至香港回歸沒有既定立場，強調只想提供平台讓公眾討論。這種侮辱國家和主席的言詞，難道也叫「討論」？

2019 年 11 月份港台「城市論壇」首度請一個無名無姓的蒙面

嘉賓，講述 22 歲的科大生周梓樂在將軍澳示威衝突期間墮樓身亡事故，該蒙面人以民間記者會發言人身份自稱現身，於論壇上大肆指責警方接手調查周梓樂的死因是「球員和球證」兼做，還有多名身穿黑衣蒙面的傢伙到場支持。全世界竟有蒙面黑衣人（恐怖分子除外）舉行記者會的嗎？兼且是由官方電台來主持？

觀眾和讀者的眼睛都是雪亮的，港台可以呃人於一時，不能呃人於一世，港府每年花十億公帑去豢養一批抹黑自己，打擊政府公信力和國家威望的電台，這是否失策失誤？

特首林鄭若不追究香港電台主管官員的責任，如何向廣大市民及中央交待？

2020 年 3 月 14 日

「起底」和「黑暴」的世界

　　私隱專員黃繼兒被「起底」，眞是極具諷刺性和最大的玩笑，因爲連他自己的私隱都毫無保留被起底，說明暴徒及反對派支持者認爲私隱專員公署只是個「無牙老虎」，一個「裝飾花瓶」，毋須害怕。

　　上周五立法會內務會議上演全武行，反對派議員大演身手，個個都變身武打明星，結果被立法會保安逐個抬離會場。但這些保安人員執勤後隨即被人在社交平台「起底」，不但披露有關保安人員及其家人的個人資料，還有人鼓吹對保安人員的妻兒不利。

　　私隱專員黃繼兒強烈譴責這是令人不齒的將個人資料武器化行爲，令受害人在執行職務時，受到不合理和不必要的壓力和傷害。黃繼兒表示，私隱專員公署會主動展開調查，要求將涉嫌違反法庭禁制令的個案，轉介律政司跟進。

　　星島日報老闆何柱國曾於無綫電視節目《講淸講楚》中，批評私隱專員公署根本沒有法定權力。其實何先生沒有講錯，去年 6 月「黑暴」發生至今，多少警員及其家屬被人起底，該公署有否跟進投訴個案，成效又如何？

年前國泰航空國泰和港龍航空約 940 萬名乘客資料被不當取覽，公署接獲 80 宗投訴及 104 宗查詢，但至今公署無向外界交代有否跟進及何人須負責任？

　　反對派學足其主子美國，手電筒永遠照人不照自己，以為自己的政治主張和享有的人權民主自由，凌駕於全港市民之上，只要逆其意或非同路人，輕則「起底」重則「私了」。這成了什麼世界？

　　我日前曾訪問立法議員陳健波，他說當今立法會是君子和無賴及暴徒之戰，他這句話適用於全社會。看看美心集團屬下酒樓被重創，反對派區議員在辦事處張貼告示『「藍絲」人士與狗不得內進』，正常人士分分鐘被「起底」或「私了」，請問法律何在？公義及天理何存？

2020 年 5 月 14 日

黑衣暴徒墮入深淵之謎

　　警方於昨日行動中檢獲一批毒品，共重 296 公斤，市值高達 1 億 5,800 萬元，是自 1991 年以來，執法部門的單一行動中檢獲最大宗的冰毒案。

　　警方指出，冰毒是興奮劑，會影響中樞神經，令人產生幻覺和心跳加快，在本港甚受年輕人歡迎。據消息人士透露，去年騎劫理工大學的黑衣暴徒被警方拘捕後，對其所戴口罩化驗後，發現含有大麻成分或大麻精油，這些成分會令人神智不清。

　　已經多次證實毒品和暴亂息息相關，警方於去年 8 月拘捕「香港民族黨」前召集人陳浩天，在其沙田及天水圍寓所除發現大量武器外，尚存有大麻成份的精油，而參與旺角暴亂的黃台仰，警方亦在他的天水圍公屋搜出 53 萬來歷不明的現金，及共約逾百粒「偉哥」和大麻。

　　策劃「黑暴」的組織，就是利用色（濫交）、金錢、毒品，及向青少年人製造「不滿、焦慮、憤懣、仇恨」的氛圍，再煽惑其反中仇中亂港的情緒和被「黃絲」教授教師鼓動起的對「黑警」的仇恨，終令這些受騙青少年忘我投入「黑暴」。

另外，楊岳橋議員聲稱「年輕人入獄留案底令人生更精彩」，梁家傑議員聲稱，「暴力有時可能是解決問題的方法」，而大律師李柱銘則說，為「優秀的年輕人同走民主路」感到驕傲，這些社會名人都鼓動年輕人跟隨他們一起走上一條「不歸路」，造成無數家長飲泣心碎和無數「破碎家庭」。

更加不幸的，是這些黑衣暴徒的青年領袖，在網絡上談笑風生，繼續迷惑他們的信眾，上述所有實情可部分解釋黑衣暴徒墮入深淵之謎。

2020 年 4 月 30 日

爲何香港官營電台要由一個美國人操控

　　昨日在立法會資訊科技及廣播事務委員會會議討論香港電台時，民建聯議員陳恆鑌要求廣播處長梁家榮交代是否持有外國國籍，梁家榮直認他持有美國國籍及護照。

　　在當今中美博弈白熱化之際，有種族歧視傾向的特朗普總統，他的鷹派內閣處處爲難中國，甚至將美國新冠肺炎疫情嫁禍中國，甚至聲稱要向中國索取巨額賠償。美國境內華人及亞裔人士受辱及受襲已是常態化，難道香港眞的毫無人材，一定要請一個美國人主管香港電台——那個被港人稱爲「傷港電台」的部門？

　　我去年 12 月 3 日在「時聞香港」及個人網站，發表過一篇文章《梁振英問責香港電台「六宗罪」，建制派是時候「亮劍」不再被無能懦弱政府拖累》，用 google 搜索可找到此篇文章，內裡詳列了港台的是是非非，在此不再贅述。

　　年燒逾 10 億元公帑的香港電台，收視率低得慘不忍睹，節目製作費昂貴及經常重播。另外，審計署又指出，港台節目外購程式有別於政府《物料供應及採購規例》，每個外購節目皆只有一個供應商，並由港台自行出價。廉署約三年前就港台外購節目完

成檢討，認爲此舉或構成合謀風險。

　　警務處長鄧炳強曾先後兩次去信投訴香港電台節目《頭條新聞》，指一個名爲「驚方訊息」的環節，「多次以嘲諷形式抹黑警隊於抗疫期間的工作，本處表示極度遺憾。」

　　有市民質詢梁處長，港台有否履行《香港電台約章》的公共目的及使命？而在昨日立法會中，有多名反對派派議員爲港台保駕護航，質疑政府想「陰乾」港台，或要求港台成爲政府「喉舌」。奇怪！公帑經營的港台不爲政府宣傳和解釋政策，難道非要成爲反中仇華亂港的喉舌才對？

　　我已多次爲文指出，「港人治港」成爲「港人亂港」。現今「傷港電台」由美國人任主管又添一怪例，美國對中國人感情的傷害還不夠深嗎？

2020 年 5 月 12 日

第四章

中産家庭爲子女教育的苦惱

中產家庭為子女教育的苦惱

我有些中產家庭的朋友，近期或是為幼兒上小學一年級找學校而煩，或是為中小學畢業的兒女何去何從而煩。

首先談幼兒升小一的問題，這些家長正千方百計打聽國際學校，包括英基小學等，有些學校要家長先買 40 萬至 100 萬元債券方有資格入讀，甚至僅僅是有資格面試。

子女要升讀中學或大學的，家長亦面臨相同的抉擇，由於涉及金額相當大，若家底不夠殷實，實在令人頭痛。

因為這些家長已對香港教育失去信心，害怕「黃絲」學校校長及教師教壞自己的子女，培訓他們成為黑衣暴徒，或成為社會破壞者，將他們的前途盡毀，甚至令家庭成員因政見不同而成陌路人或仇人，造成破碎家庭。

最近全港市民看到考評局出題目的可怕，有些名校同樣布滿「黃絲」教師，這些教師為達到他們的政治理念，可以歪曲中國歷史，可以醜化中國，可以洗腦學生不要接受中華傳統「忠孝仁愛禮義廉恥」美德，可怕吧？

如果子女升讀大學更慘，見到子女在畢業典禮時撐着黃色雨

傘，毫無尊師重道精神，父母頓然覺得他們枉費一生心血去栽培子女；更加不幸的，若他們的子女成爲學生會會長，說明這些子女已走上一條不歸路。見到去年中大變成「暴大」，理大成爲「兵工廠」，爲人父母是否更加擔心？

最近我訪問過陳健波議員，何君堯議員及高志森導演，他們三人都異口同聲表示擔心當今的香港教育，爲下一代的青少年的前途感到憂慮。

上述所言全是眞實個案，怎不叫全港家庭爲人父母者感到憂心？如果政治組織「敎協」不予鏟除，整個敎育系統不破舊立新，任由香港的敎育腐爛到入心入肺入腦，要香港市民付出血的代價，請問誰能負責這重大過失？

可憐天下父母心！

2020 年 5 月 25 日

「通識教育」的問題嚴重

嗇色園可立小學被曝光教師在網上教學中，錯誤稱英國「為消滅鴉片」而向中國發動戰爭，扭曲歷史事實。該校發表聲明，宣布成立調查委員會，深入調查此事和向外界交代。

教育局今次回應迅速，表示會以客觀、理性及持平的態度，深入調查事件，並全面檢視及跟進涉及的問題。老師絕對不能顛倒是非，錯教歷史事實，損害學生的學習利益，「無論任何原因，教育局絕對不能接受」。如有教師被證實專業失德，當局將根據《教育條例》嚴肅跟進。謹在此文立此為証，此事一定要查個水落石出。

不過，一波未平一波又起，根據《星島日報》今日報道，該報接獲投訴，官立學校趙聿修紀念中學有通識教材內容「帶有偏見、以偏概全地散播某一政治立場」，包括指控「西環治港」、「醜化功能組別立法會議員及中國人」等。

新華社日前發表短評，形容可立小學事件是篡改事實並授之下一代，教師在殖民史觀的殘留、極端政治思潮的介入下，在課堂上公然扭曲事實，為西方罪行張目，絲毫沒有對國家和民族的

應有尊重，顯示香港校園的歷史教育再亮危險信號，要求特區政府嚴肅整頓，糾偏止錯。

筆者清楚記得，自己在中學讀歷史課時，就知道「鴉片戰爭」是清朝道光期間發生，清朝和英國因為英商販運鴉片而爆發的戰爭，最後以清朝失敗，及以簽訂《南京條約》告終。戰爭打開中國的閉關大門，標誌中國近代史的開端。此事件中的民族英雄林則徐，因銷毀鴉片得罪英國而下台，但英名永留青史。

如果當今教師可隨意歪曲歷史，抹黑林則徐，其餘的無數民族偉人如孫中山、梁啓超等命運又當如何？「八國聯軍」、「馬關條約」等喪權辱國史實，又會遭被如何篡改？

最令筆者痛心的是，在英殖時代，香港尚可完整保留和教授中國歷史，反而是香港回歸後，却取消了中國歷史，增加了通識教育，而教師更任意以本身偏頗的政治立場誤導學生，這是誰之過？

希望九大校長在「黑暴」後的聯署聲明，將來不會在全港中學校長聯署聲明重演，「這全都是政府和社會的錯和責任」，可悲又可笑吧！

2020 年 5 月 5 日

可憐天下父母心

昨日是母親節，本應是全港市民享受家庭和天倫之樂，兒女對母親表達愛意孝心之日，但亂港分子卻在全港各大商場，發動快閃及「和你 sing」行動，破壞節日氣氛。

據傳媒報導，港九各大商場包括尖沙咀海港城、觀塘 APM、九龍塘又一城、旺角新世紀廣場、銅鑼灣時代廣場和太古城中心等多個商場，昨天下午有網民跟隨社交媒體號召，在各個商場參與「和你 sing」行動，在各大商場高唱反修例運動主題曲《願榮光歸香港》。

向來受中國大陸游客喜愛的海港城，昨天下午 3 時也聚集了上百人。他們除了高唱歌曲，也不斷高喊「五大訴求，缺一不可」等口號，並揮舞着印有「光復香港，時代革命」字句的旗幟。

而最令人震驚的，是警方在海港城執法時，逮捕了一名身穿印有「記者」字樣背心的少男，他是一名所謂網上媒體「深學媒體」的學生記者，年僅 13 歲。據「深學媒體」facebook 網頁介紹，該媒體成立於今年 2 月，由八名來自香港不同中學的學生組成。

「深學媒體」深夜發表聲明，表示該媒體記者是義務採訪，

不受勞工條例規管，不符合「非法勞工」的指控，反咬警方「嚴重影響新聞自由」。「深學媒體」又說，警方稱如果該名記者再次出現於示威現場，不論是否採訪都會即時帶走，更會檢控該名記者的家長疏忽照顧兒童。

警方昨日大舉出動，拘捕了多名滋事分子，絕大部分是青少年，在「母親節」日子發生的這些事，極具諷刺性，令無數母親傷心落淚，真是「可憐天下父母心」。

「黑記」一向肆無忌憚協助暴徒，甚至參與暴亂，這已是眾所周知的事，而「記協」為虎作倀，亦是市民共睹的事實，為何政府至今置若罔聞，束手無策，不在法律上堵塞漏洞？如今亂港分子埋沒良心，擺明誘使青少年參與各種亂港反中活動，令人痛心和憂心。

希望特區政府體察民情民意，切實彌補法律上的不足之處、執法上的疏漏之處、執行上的困難之處。只有做妥這些具體工作，才能真正可以做到止暴制亂，撥亂反正。

2020 年 5 月 11 日

令考生爲難的通識科試題

昨日寫了一篇「一個没有培訓『學生品格』的教育制度」，今日繼續談教育問題。事緣昨日考生面對一條有關「公衆對香港新聞自由意見調查結果」的通識題，不少學生感到難答和困惑。

試卷上所提供的資料，是引用記協多年來所定的「新聞自由指數調查」，而這個調查是由鍾庭耀當年主導的「港大民意研究計劃」所得的數據，相信大家都知道記協和鍾庭耀的顔色和立場。

當記者追問考評局此事時，考評局推得一乾二淨，指通識題由審題委員會擬定，審題委員會是由試卷主席、擬題員、審題員及科目經理組成。看似完美公正，不過請有心有力人士去深查上述各人背景，可能會發掘到令人驚喜資料，又會提高報紙銷路和收視率。

請問大家是否還記得，一位通識科教師叫賴得鐘，他曾擔任考評局通識教育課科目委員會主席，香港通識教育教師聯會副主席，而他曾在社交網站發布「黑警死全家」，恐怖吧？

香港整個教育體系腐爛到入心入肺，可能通識科明年會有一

條試題是「五項訴求和光復香港是否應盡速推行？」相信大家不會感到意外和驚奇。

2020 年 4 月 28 日

香港仍有善心人

最侮辱教育界的是教協

香港的歪氣邪風愈演愈烈，市民大眾都看得很清楚，就是教育方面的腫瘤，越來越惡化了，受害的是一群無知青少年和學生，甚至正在犧牲自己的未來前途和美好人生，仍不自知。

請看下面數據，在長達半年的反修例風波中，警方拘捕超過六千人，約四成是學生。被捕中學生來自三百多間中學，即約有六成中學有學生參加激烈行為（其實是嚴重暴力和激烈暴亂）。另外，有 80 名教師及教學助理被拘捕，以及教育局接獲大量投訴信，大部分涉及「老師散播仇恨語言」。

教育的初心是什麼？學校本應是作育英才之地，培育學生有正確人生觀和價值觀，但上述這些違法教師，不僅沒有以身作則傳播正確教育理念，更埋沒良心，誤人子弟，令年輕學子受誤導成了黑衣暴徒，在社會上大肆破壞，犯下燒、砸、搶等罪行，令市民生活於惶恐不安中。

然而，教育界立法會議員兼教協負責人葉建源卻形容教育局要求學校把被捕教師停職是「未審先判」。如果一間公司員工去打劫或非禮被捕，雖未被法官判刑，公司認為該員工操守有問題

將其停職，難道有錯？尤其是身爲師表却以身試法，情無可宥，豈能因他是老師就予以特殊對待和寬免？

葉建源作爲教育界代表，又將教協變成一個反中仇中政治組織，他不僅毫無羞愧內疚之心，如今還要爲犯法老師要求特權，未免太過份了吧！教授、教師過往受人尊敬的清譽，今天已因有葉建源這種代表而被敗壞了。一粒老鼠屎壞了一鍋湯，可惜全體教育界內克盡本份的老師都被他連累而蒙羞。

2020 年 1 月 8 日

豈能美化和浪漫化青年人暴力行爲

香港大律師公會主席戴啓思在法律年度開啓典禮致辭時表示，警方拘捕數千人，大多數是年輕人，包括學童及大學生，但大致上「他們擁有良好品格」，並代表着香港大部分人。

你同意他的說法嗎？這些黑衣暴徒衝擊立法會，向警隊投擲燃燒彈，用弓箭襲擊警員，大肆破壞地鐵設施、銀行及餐廳，向途人縱火令致生命垂危，這叫做「擁有良好品格」？

大律師公會前主席梁家傑亦鼓吹過「暴力有時或可解決問題」（violence may sometimes be the solution to a problem）」，這番言論是公然煽動暴力行爲，完全罔顧法治，今日香港社會陷入持續失序的困局，就是由於這些法律界的頭面人物鼓吹暴力和違法達義所致。

身爲大律師的公民黨黨魁楊岳橋撑暴力衝擊立法會，指年輕人犯法「入獄有案底令人生變得更精彩」，楊岳橋爲何不自己「精彩」一下？爲什麼他們不叫自己的家人參與佔中和暴亂，光是鼓動別人的子女去參加，慫慂其他年青人以身試法，將自己的前途和美好人生蒙上汚點？

何謂「埋沒良心」「喪盡天良」「天誅地滅」？戴啓思作爲老外和鬼佬未必明白中國語言的含意，難道梁家傑和楊岳橋也不懂中文？他們「噏得就噏」，講出天理難容的話，推年輕人去做反政府和破壞社會的爛頭蟀，將暴力美化和浪漫化。廣東話有一句俗語「生仔冇屎忽」，罵的就是這些肆無忌憚，完全喪失道德感的訟棍。

終審法院首席法官馬道立亦看不慣這種扭曲法治精神的言論，他出席法律年度開啓典禮致辭時指出，《基本法》及得到《基本法》給予憲制確認的《人權法案》列明的權利包括：言論自由，結社、集會、遊行和示威的自由。過去七個月，我們看到許多行使這些自由的情況。然而，爲使社會上其他人的權利和自由不會受到不可接受的影響，行使這些權利需要有限制。明白這一點是重要的；我過往稱這爲對他人權利的尊重。

這番話，簡潔易明。所有人的自由和權利都有限制，不能將個人自由和權利凌駕他人之上。戴耀廷，梁家傑和楊岳橋鼓吹「違法達義」，請問該當何罪？

2020 年 1 月 16 日

年輕人背叛了自己的列祖列宗

中國外長王毅 14 日在柏林接受路透社訪問時談到香港問題，他強調，香港是中國的一部分，現在香港有年輕人受到外部勢力蠱惑，舉着外國國旗、「幻想成為某國公民，呼籲外國解救。」他批評這些人完全背叛了自己的列祖列宗，忘記了中國人的身份認同，令人不齒。

王毅批評，有西方國家的外交人員頻繁跟香港街頭暴力分子會面，為他們撐腰打氣，一些西方勢力肆意指責依法執法的香港警察，部分國家的議會甚至通過了干涉香港內部事務的法案，「這些以雙重標準干涉中國香港內部事務的做法實際上是不會得逞。」

他指出，英、美煽動香港抗議活動的證據和事實舉不勝舉，俯拾皆是，任何人看到香港街頭情況之後都會得出同樣的結論。

王毅作為中國外交部長而面對外媒批評特區年青人的違法暴力行為，正所謂「愛之深，責之切」。特首和各高官應該也體會得到吧？

香港在教育年青人愛港愛國這一點上很失敗，最不堪的是香港一些社會知名人士和意見領袖為爭取大眾眼球和鎂光燈聚焦，

專講一些迎合年青人喜好的話，例如支持「五大訴求，缺一不可」，這樣不顧法治精神地向年輕人鼓吹「違法達義」歪理，是犯下不可原諒的錯。

當前香港邪氣籠罩，歪理滿布，何時能撥亂反正，「守得雲開見月明」？有正義良知的市民引頸以待。

2020 年 2 月 16 日

年輕人失感恩之心

　　全球面臨新冠肺炎疫情蔓延的危機，當初中國內地疫情爆發時，美國總統特朗普嗤之以鼻，掉以輕心，到如今歐美都成了疫情重災區，很多就讀歐美國家的香港年輕學子，紛紛飛返香港避難。

　　近日滯留秘魯的港人，由於無法購到回港機票，要求助於特區政府，結果要由港府請求中國駐秘魯大使館相助，才得以搭機回港。這批港人認為最「光榮」的，居然是在秘魯手持橫額「光復香港，時代革命」，拍照留念。

　　去年六個月的「黑暴」，令香港經濟急速下滑，全城滿目瘡痍，人心惶惶，再加上近期肺炎疫情侵襲，全城陷於癱瘓，是香港回歸以來面臨最大的危機。

　　但反對派及本土派却揚言，如果他們在今年9月份立法會選舉中勝出，可以佔立法局過半議席，他們首要任務是要求政府「五大訴求，缺一不可」，然後對政府所有撥款申請，要慢慢「審視研究」才會批出，這豈非變相「攬炒」，要全港市民「同歸於盡」？請相信我，香港依然有一批「忠實愚民」，會盲目跟隨他們的口號和信念，這才是香港最大的悲哀、不幸和危機。

正如著名作家屈穎妍所說，這是「一場集體催眠」，「黑暴」只不過是另一場「顏色革命」的版本，如果以為反對派、本土派會就此收手，這將是大錯特錯。

中國的古訓是「受人點滴之恩，自當湧泉相報」。如今反對派、本土派卻是「恩將仇報」。「23 條」不立法，九月份立法會選舉由反對派贏得，這將是香港人更大噩夢的開始。

2020 年 4 月 6 日

是誰將未成年人送上「斷頭台」

　　一名七旬外判清潔工羅伯於去年 11 月在上水遭暴徒擲磚奪命，警方先後拘捕六名青少年男女，其中兩名疑犯 16 歲學生及 17 歲無業少年，被落案控以「謀殺」「暴動」及「有意圖而傷人」等三項罪名，於昨日被押往屯門裁判法院提堂審訊。

　　這三男三女被告，年齡由十五至十八歲，當中有五人屬未成年，如他們犯案被定罪判囚，可以說是斷送了他們的一生前途，亦造成六個「破碎家庭」終生遺憾和後悔。

　　羅伯長子希望沉冤得雪後告慰天上亡父，令亡父在天之靈得到安息。看完這宗新聞，令人會感到心痛悲憤，因為尚有許多幕後組織策劃者未有落網。

　　在去年參與百萬遊行的示威者，有些是家長携兒帶女闔家支持，他們誤信了「公民抗命」「違法達義」「五大訴求、缺一不可」「光復香港，時代革命」的口號，以為這是解救「水深火熱」香港的唯一出路。「黃絲」教師、教授在課堂上煽動鼓吹，「生菓日報」及「傷港電台」日日宣傳洗腦，令為數眾多的年輕人熱血上湧，誤以為做「英雄烈士」的時刻真的到了，打砸搶燒一番鬧騰之後，

結果是鋃鐺入獄為階下囚，終生蒙上污點。

如今每月仍有新晉反對派區議員，帶領黑衣人去太子站拜祭那些完全虛構的「亡魂」，果然是謊言說上千遍便有人信。俗語說「精人出口、笨人出手」，不幸的是，香港實在有太多笨人，包括被警方拘捕的 4,000 多名大學生及年青人。

中大變成「暴大」，理工變成「兵工廠」，大學校長及教授對此視而不見，至今仍然享有高薪厚祿，一點都不感到臉紅嗎？

日前被捕的大律師李柱銘，自稱沒有半點後悔，反而為「優秀的年輕人同走民主路」感到驕傲。這位年逾七十的老人自己願落地獄也就罷了，為何仍要引誘年輕人伴隨他一起走上一條「不歸路」？

2020 年 4 月 23 日

一個沒有培訓「學生品格」的教育制度

今日全港舉行中學文憑試 (DSE) 首個核心科目「通識科」開考，有逾 47,000 名考生報考此科。這是一個備受爭議的科目，因為有很多「黃絲」教師藉此課程，將自己的政治理念和反中仇中亂港的主張灌輸給中學生，它成了培植「黑衣暴徒」的最佳課程。

身為教育大學校董會主席的馬時亨昨日出席電台節目分享了他對香港教育的看法，他提及 2017 年香港教大民主牆貼出標語，以涼薄刻毒的語言詛咒教育局副局長蔡若蓮喪子，令全城嘩然。去年暴亂期間，有大學生用粗口辱罵院長及副校長，甚至向校長撒「溪錢」，這些事件讓他深深感受到「品格教育」的重要性。

馬時亨雖然居其位並未能對香港教育有所建樹，但他這番有良知人性的話，已遠較他以前的高官同僚陳方安生及王永平為佳。陳王二人已淪為反中仇中的小丑，毫無人性品格可言。

試想教育大學培養的人是要為人師表的，學生怎能有如此惡毒心態，寫出令人齒冷心寒的標語？難道他們的使命是要接棒培訓今日的黑衣暴徒？

只重視學業成績，不重視學生品格的教育，摒棄中華歷史和

文學傳承，不講禮義廉恥忠孝仁愛，培養出來的就很可能是些言行涼薄，缺乏是非觀念的自私之徒。就算校長和教師肯忍受這些不尊師重道的學生，家長能接受自己的子女被教化成不知孝順、毫無禮義廉恥的人嗎？

　　一個不重視培養學生品格的教育制度，令中大變成「暴大」，理大變成「兵工廠」，嶺大變成「仇警演唱會」，香港人付出的代價實在太大了，難怪愛港愛國的美心集團掌門人伍淑清女士慨嘆，她已不寄望「香港這一兩代的青年人」。

2020 年 4 月 27 日

黑色毒素

在新冠肺炎襲港之際，「泛暴派」仍然「趁你病攞你命」，到處攪是攪非。一批暴徒昨晚深夜在將軍澳尚德邨搞亂，大肆破壞交通燈，以雜物堵塞行車線。警方拘捕了 119 名暴徒，涉嫌非法集結、盜竊、阻礙警務人員執行職務，年齡由 13 歲至 48 歲，其中包括五名泛暴派區議員。

另外，由於疫情嚴重，政府正在多區尋覓設立「新型肺炎病患者」隔離中心。醫管局將一些普通科門診診所列為新型肺炎疫情下的指定診所，附近居民卻強烈反對，甚至滋擾破壞。「各區自掃門前雪，不管病人死與活」，人性的自私自利盡顯無遺。

17 年前，沙士疫情同樣嚴峻，但全港市民是萬眾一心，共度時艱，甚至有醫護人員犧牲了生命，在香港天際劃上一道彩虹，令港人永遠懷念和追思。但此次新冠型疫情，泛暴派把全港居民的性命置之不理，政治凌駕於一切，發動數千名醫護人員罷工，要求政府「全面封關」。

為何泛暴派不乾脆要求停供「東江水」？這些「拒中抗共」的亂港分子，沒有半點飲水思源的想法。

這場疫情暴露了人性的醜惡，黑醫護違法罷工，導致很多預約診症、急症和手術都無法進行，當中可能有長期病患者得不到診治和藥物治療，令病情加重或病變，請問「醫護人員的天職和使命感」去了哪裡？良知和良心何在？

一名警察自掏腰包自韓國採購口罩，寄往內地武漢疫區以示支援，此事卻遭「黃絲」在網絡上瘋狂攻擊。

自去年 6 月暴亂以來，社會動亂一直未有平息，肺炎疫情襲港真是禍不單行，經濟急速下滑，一些行業如旅遊飲食及零售等更受重創，再加上泛暴派在區議會選舉中大勝，雪上加霜，讓人心寒。

香港目前經濟情況比沙士時更差，但更令港人擔憂的是暴徒仍在無止境地破壞社會安寧，卻看不到特區政府強勢起來，挽回市民信心，令香港起死回生，轉危為機。

難道，我們的下一代還要承傳這些「黑色毒素」？

2020 年 2 月 10 日

毀了香港這一兩代的歷史罪人

　　著名作家屈穎妍今日在她的專欄提到「教育界的末期癌症」。的確如此，教育界所患癌細胞，不僅入心入肺擴散全身，且已經入了腦。

　　在昨日舉行的香港中學文憑考試 (DSE) 歷史課考試，竟然要求考生回答「是否同意 1900 年 –1945 年日本爲中國帶來的利多於弊」。相信大家看到這條試題，怒髮衝冠，痛心到嘔血。

　　負責 DSE 歷史科試卷是考評局，該局評核發展部經理楊穎宇，多年來在網上散播辱華親日言論，其美化殖民侵略的立場，已經到了喪心病狂的地步。他擔任考評局要職多年，不知做過多少誤人子弟的事，卻一直享受高薪厚禄，居然沒有任何上級官員過問他的劣跡，這是包庇還是縱容？

　　我過往批評教育界亂象的文章如尺厚，亦指出教協已淪爲政治組織多於教師同業團體。中大理大淪爲「暴大」，人所共見。警方拘捕 8,000 暴徒中，逾半數是學生，造成多少「問題家庭」「破碎家庭」和「傷心家長」？

　　不僅學生已無「尊師重道」精神，市民亦已對教師和教授側

目而視，不滿這些教師教授誤導了他們的子女走上犯罪的道路。這些教師埋沒良心誤人子弟，必遭天譴。

　　從事教材和課程製作的人，負責主管大學及中小學的校長們，監管教育事務的大小官員，你們誤導戕害了這一代青少年，日後定會有報應。

　　歷史會記得香港教育界這一段黑暗時期。

2020 年 5 月 15 日

第五章

中美博弈停不了

中美博弈停不了

美國總統特朗普在社交媒體 Twitter 上，將新型冠狀病毒稱為「中國病毒」。特朗普指「病毒來自中國」的說法非常準確，又指責中國外交部發言人早前聲稱病毒可能由美軍帶入中國武漢。特朗普說中國發放虛假訊息，強調美軍沒有將病毒帶給任何人。

中國外交部對特朗普的帖文感到非常不滿，發言人耿爽表示，目前新型冠狀病毒源頭尚未查清，但美國一些政客就將病毒和中國相聯繫，批評他們是對中國搞污名化，對此表達強烈憤慨和堅決反對，敦促美方立即糾正錯誤。

中美間口水戰愈演愈烈，中國外交部在凌晨宣布，針對美方打壓中國媒體駐美國機構的行為，決定採取反制措施，要求「美國之音」、《紐約時報》、《華爾街日報》、《華盛頓郵報》、《時代週刊》這 5 家美國媒體駐華分社，向中方申報在中國境內所有工作人員、財務、經營、所擁有不動產資訊等書面材料；又要求《紐約時報》、《華爾街日報》、《華盛頓郵報》年底前記者證到期的美籍記者，從即日起 4 天內，向外交部新聞司申報名單，並於 10 日內交還記者證，今後不得在中國，包括港澳繼續從事記者工作。

美國國務卿蓬佩奧對中方的做法感到遺憾。

特朗普把矛頭指向中國，不只是宣洩個人情緒，更是要推卸責任，把疫情對美國社會和經濟造成的打擊歸咎於中國，為競選連任總統鋪路。不過，美國民眾心水清，稱特朗普意圖製造種族仇視情緒，他本人才是「美國病毒」。

紐約市長白思豪對特朗普說，亞裔美國人社群已經在受苦，他們不需要你以偏激言論火上加油。

現今新冠肺炎疫情在全球持續惡化，至今全球累計病例總數突破十萬宗，總數已超過中國的確診染疫總數（81,000 宗），而死亡病例（7,500 多宗）亦已超過中國（3,200 多宗），這本應是全球合力對抗此流行傳染病毒之時，特朗普為競選連任，口沒遮攔地刻意抹黑中國，其心歹毒。

此時此刻，香港街頭上竟然仍有黑衣蒙面暴徒揮舞着星條旗，在街上示威支持美國，真是情何以堪！所以說，23 條立法，刻不容緩。

中國在和平崛起，美國卻百般手段阻撓打壓，香港內仍有很多黃皮白心的人站在美國一邊與自己的祖國作對，他們將成為歷史罪人。

2020 年 3 月 18 日

香港仍有善心人

美國強權霸道加速衰退

全球最大的電商平台美國亞馬遜網站（Amazon）最近網售一些 T 恤，印上「新冠病毒中國製造」（Coronavirus Made In China）文字，售價由 25 至 27 美元一件，網售的其他水杯等物亦印有同樣侮辱性字眼。

美國《華爾街日報》2 月 3 日亦刊登一篇題為《中國是真正的亞洲病夫》的文章，由標題到內容都充滿歧視成分，該文借新冠肺炎疫情比喻中國經濟和發展前景，指中國金融市場可能比華南野生動物市場更危險，該報至今未正式為此文道歉。中國政府後來吊銷了該報三名駐京記者的記者証，美國國務卿指責中國是干預新聞自由，外交部發言人耿爽回應：《華爾街日報》有張口辱罵別人的自由，被辱罵者就沒有回擊的權利？

在 2 月 14 日舉行的慕尼黑國際安全會議首日活動中，美國眾議院議長佩洛西在會議發言時，將中國發展 5G 網路的行為，詆毀為試圖通過華為向外輸出「數字專制」，而國務卿則在各國唱衰中國，叫各國不要採購華為設施，又施壓加拿大拘禁孟晚舟，至今一年多未放人。美國用舉國之力打壓一間中國企業，是否違反

自由貿易和經濟精神？欺凌一個弱質女流，是否侵犯自由和人權？

美國於 2009 年 3 月爆發 H1N1 流感（亦稱「人類豬流感」）疫情，事隔近半年總統奧巴馬才宣布國家進入緊急狀態。於 2010 年三月中旬，美國疾病控制與預防中心（CDC）統計，共有 5,600 萬美國人感染了此次 H1N1 病毒，265,000 人住院治療，12,000 人死於此次疫情。在上述期間，中國沒有宣告停止兩國人民及各種交通往來。反觀此次武漢出現「新冠肺炎」疫情，美國率先宣布撤僑和外交人員，亦終止兩國航空往來，甚至呼籲各國盡量減少與中國往來。

這種「以怨報德」作風，以及欺凌打壓其他國家和民族來奠定「美國第一」優先地位的強權霸道行為，只會加速其國勢衰退敗落。

2020 年 2 月 23 日

特朗普不擇手段爲求連任

美國總統特朗普近日多次把新型冠狀病毒形容爲「中國病毒」。不久前，他還在白宮記者會上說「非常尊重中國」，又說與國家主席習近平「關係好好」。特朗普的虛僞和變臉之快，堪稱世界一級政客演員。

今早讀了 CNN 長文報導，據《華盛頓日報》攝影記者偷拍曝光，特朗普出席一次戰略會議時，刻意將講稿上的「冠狀病毒」（Coronavirus）改爲「中國病毒」（Chinesevirus），該文作者指出，特朗普刻意用含有仇外意識的字眼「中國病毒」，把疫情諉過於中國，以轉移美國人民對他抗疫不力的指責。

特朗普自上任以來，經常自誇他上任後，道瓊斯指數大漲 1 萬點，經濟欣欣向榮，百業振興，但自從新冠肺炎疫情橫掃歐洲，入侵美國，令美國患新冠肺炎病人數急增，道瓊斯指數暴跌 1 萬點，經濟急速下滑，他本人競選連任的選情也告急後，他便把「新冠病毒」改稱爲「中國病毒」，把自己當初輕視疫情，致令美國錯失準備抗疫良機的過失，諉於中國。

該文作者指出，特朗普是一個極端白人種族主義者，過往他

亦曾出口侮辱一些有色人種美國參眾議員，建議他們不如返回老家做一番事業，好過逗留在美國。

中國外交部發言人耿爽立即在記者招待會上反駁，指出特朗普曾發推特（Twitter），稱中國一直非常努力地遏制新冠病毒，又說非常欣賞中方的努力和透明度，又曾向記者表示，中方分享這些數據，有助於美方抗擊疫情，耿爽反問，「言猶在耳，美方突然翻臉不認賬，我很想知道為什麼？」

美國微軟創始人蓋茨在網絡論壇上，直言美國的病毒檢測工作缺乏組織，情況有點混亂不堪。諾貝爾經濟學獎得主克魯明更在《紐約時報》發文狠批特朗普抗疫不力，應該稱此次疫情為「特朗普大流行病」。而我亦留意到，在美國及西方媒體上，仍稱「冠狀病毒」為 Coronavirus，公道自在人心。

特朗普作為一個大國元首，性格反覆無常，經常口不擇言得罪人多，這次他得罪和侮辱了 14 億中國人民，我們要牢牢記住。

2020 年 3 月 21 日

特朗普刻意抹黑侮辱中國

特朗普總統過去數天均以「中國病毒」來形容新冠病毒，他的真正目的，是轉移國內政治壓力，因為美國民眾不滿意他對疫情管控不力，致令美國各州大規模爆發新冠肺炎。

作為一個大國元首，特朗普諉過於人之作風，實在很差勁。他不顧世界衛生組織有關今後所有重大疫情命名，都不得涉及國家、地區、種族及動物名稱的宗旨，刻意侮辱 14 億中國人民，為了競選連任不擇手段。

特朗普這位崇尚白人種族主義的總統，一登場就事事標榜「美國第一」「美國優先」，甚至對歐洲盟友也完全不給面子。他先築起貿易保護主義的高牆，打破全球的供應鏈關係，又藉中美貿易談判向中國狂加關稅，指中國穫利甚多，美國虧損巨大，事實卻是美國的勞力密集型工業移往中國，例如蘋果電腦及手機，在中國只是做裝配工序，中國工人只賺取微薄工錢，蘋果總部卻賺取豐厚利潤。

特朗普這次刻意抹黑侮辱中國，離間挑撥中美關係及散播種族仇恨，他將是本世紀大罪人，臭名長留歷史。

這次新冠肺炎疫情，實際上比拚的是各國政治制度、國家醫療體系、公共衛生意識、人民的愛國心凝聚力，以及工業及經濟實力。中國在克服本國疫情之後，派送醫療隊伍及醫療物資往各國賑災扶危，與美國口惠而實不至的態度恰成對比。看在世人眼中，自有公道。

　　香港社會中，仍然有一批「高等華人」，以講流利英語為榮。其中一位「陶文癖」，終日舔美國人屁股，他就認同特朗普所說的「武漢肺炎」和「中國病毒」是適當的稱呼。無可否認，香港的確有一批專業精英和教授學者，甘做洋奴，拾洋人牙慧自輕自賤，這是香港特色之一。

2020 年 3 月 23 日

美國人的人權和生命

美國特朗普總統又突然發癲，發炮抨擊世衛 (世界衛生組織)，認為世衛太過偏袒中國，並威脅要削減交世衛的會費，但對美國過去數年拖欠世衛的會費卻隻字不提。

由於美國在中國內地爆發新冠肺炎疫情時太過掉以輕心，所以防疫的口罩、手套、防護服和呼吸機等都準備不足，防疫措施非常鬆散，所以當紐約爆發疫情之後，立即蔓延美國全國各地。現今特朗普又諉過於人，這是他一向的作風。

德國及法國媒體報導，德法兩國向中國訂購的口罩及防疫衣物及設備等，被美國中途攔截轉送美國，這是屬於「現代版的海盜」行為。

美國《華爾街日報》今年 2 月 3 日刊發題為「中國是真正的亞洲病夫」（China Is the Real Sick Man of Asia）的文章，副標題為「中國的金融市場可能比其野生動物市場更危險」，從各方面攻擊和抹黑中國。特朗普一句「中國病毒」，令美國本土多少亞裔人士受打受辱，這種白種人至上的種族歧視至今揮之不去。

特朗普把造成疫情的新冠病毒稱為「中國病毒」，而國務卿

蓬佩奧則稱新冠肺炎為「武漢肺炎」，這種對中國的刻意醜化侮辱，為世人所恥。其後，兩人均已改口，反倒是香港黎智英的《蘋果日報》仍一口一個「武肺」，其走狗陶傑李怡亦跟到足，這些人全部屬於喪心病狂，他們比美國人更仇視中國。

肺炎疫情是不分國界和種族，我對特朗普的言行不滿，但絕不會詛咒美國人染上肺炎，這是做人的基本原則和人性，黎智英及反對派人士至今對「中國人」（他們並不視內地人為「同胞」）心存歧視，應受「天譴」入地獄。

2020 年 4 月 9 日

汪洋大海和小池塘

「汪洋大海有時會風平浪靜，有時會經歷狂風暴雨，但過後大海可以安然，但如果狂風暴雨吹襲的是小池塘，就可以將整個小池塘掀翻毀掉」，這是國家主席習近平在一個國際論壇上發表的言論。

習近平又說，「中國在過去 5,000 多年經歷無數磨難和痛苦，但中國依舊長存。」他指出：「一些國家必須解決自己本身的營商環境，和自己存在的問題，不能總是粉飾自己，指責他人，就好似拿手電筒只照他人，不照自己。在經濟全球化深入發展的今天，弱肉強食，贏者通吃是一條越走越窄的路，只有包容和互助才是人間正道。」他講完這番話獲得全場如雷的掌聲。

最近外交部發言人耿爽在例行記者會上，被美國記者問及，「美國總統特朗普要向中國派遣自己的調查人員，調查疫情相關情況，又有美國國會議員在國會發起一項議案，要求就所謂中國誤導世衛組織，而導致全球性疫情蔓延起訴中國政府。請問你有何評論？」

耿爽的回答是：「病毒是全人類的共同敵人，可能在任何時間、

在世界任何地方出現。中方同其他國家一樣，受到了新冠病毒的攻擊，是受害者，而不是加害者，更不是病毒的『同謀』。」

耿爽說，「2009 年 H1N1 流感首先在美國確診並大面積爆發，蔓延到 214 個國家和地區，導致近 20 萬人死亡，有誰讓美國賠償了嗎？上世紀 80 年代，愛滋病首先在美國發現並蔓延至全世界，不知給多少人造成痛苦，有誰找美國追責了嗎？另外，2008 年發生在美國的金融動盪，雷曼兄弟公司破產，最終演變為全球金融危機，有誰要求美國為此承擔後果了嗎？」

美國新冠肺炎疫情惡化，有超過 106 萬人染病、超過 6 萬人死亡，是全球之冠，但特朗普仍荒謬地自吹自擂，說自己對危機的應對應得滿分 100 分。最近美國國務卿蓬佩奧又指香港不能將「23 條」立法，駐港外交部立即反駁，美國無權在香港問題上說三道四。

耿爽霸氣地說：「美國必須清楚，他們的敵人是病毒，不是中國。我們要警告特朗普，中國遭遇疫情時，你是那麼的幸災樂禍，並使出所有卑劣手段落井下石，想置中國於死地，你的司馬昭之心已是路人皆知。中國人民不會忘記，世界也不會忘記。中國有句老話，出來混遲早是要還的。這筆賬也遲早會找你算清楚的。」

請恕我今日偷懶，只擇錄習近平和耿爽的談話。我藉此將憼

在心中的悶氣及憤怒全部發洩。

2020 年 5 月 1 日

摑了特朗普一巴掌

在這次全球性新冠肺炎疫情中，美國實在輸得非常難看，可以用慘敗來形容。由於特朗普一開始時對疫情輕敵，沒有做好各種預防措施，結果美國現在成了疫情最嚴重的國家，確診染疫人數超過 160 萬人，死亡人數亦接近 10 萬，是全球之冠。

特朗普為轉移美國民眾不滿，首先嫁禍中國，甚至發動全球各國向中國追索巨額賠償，但除了美國幾個跟班外，反應冷淡，因為個個都深知美國詭計，無謂引火燒身。

美方日前又宣布暫停繳納世界衛生組織會費，導致國際社會的批評和譴責，就連美國的歐洲盟友都發聲反對。特朗普威嚇世衛總幹事譚德塞，指譚德塞失職無能要下台，又醜化世衛已成為中國傀儡。

在剛剛結束的七國集團領導人視訊會議上，與美國指責世衛的態度相反，德國、法國、意大利和加拿大等國領導人一致呼籲加強國際合作應對疫情，對世衛組織的工作予以高度肯定和全力支援。美聯社因此說，美國停繳世衛會費，遭遇到全球抵制。

就在美方宣布「斷供」之後，英國宣布將向聯合國機構、國

際組織等捐助 2 億英鎊，幫助貧窮國家抗擊新冠疫情，其中 6,500 萬英鎊提供給世衛組織。此舉被國際輿論解讀是「摑了美國一巴掌」。英國權威期刊《柳葉刀》主編理查德 · 霍頓直言，停繳世衛會費行為「是對全人類的犯罪與背叛」。

盟友紛紛倒戈的背後，是歐洲各國對美方在單邊主義道路上越走越遠的不滿。美國無視歐盟的關切先後退出了應對氣候變化的巴黎協定及伊核問題全面協議等，如今又對世衛組織「開刀」，令一直主張多邊協商的歐洲盟友看不下去了。

自從特朗普上台推行單邊主義及「美國第一」政策以來，西方盟友已經累積諸多不滿，此次特朗普針對 Covid-19 疫情的混亂決定，令西方盟友更加擔心美國的走向。跨大西洋關係中三年的「湊合和修補」，正在造成美國與其西方盟友之間的永久性裂痕。

綜合 BBC、CNN 及其他西方媒體的評論，我認為，特朗普在國際舞臺上處理大流行病的劣拙手法，反而給中國提供了一個求之不得千載難逢的機會，將中國推向前台扮演更重要角色。

2020 年 5 月 24 日

香港不能成爲美國的「反華基地」

立法會於去年 10 月開始復會，內務委員會由公民黨郭榮鏗議員主持選舉主席，却開會 14 次至今仍未能選出主席，導致立法會內會處於停擺狀態。港澳辦及中聯辦昨日嚴厲指責反對派癱瘓立法會運作。

郭榮鏗立即反駁稱港澳辦和中聯辦無權力或資格影響及評論立法會的運作，指這是「無的放矢」。郭榮鏗本人就曾積極支持美國通過《香港人權與民主法案》，亦強烈反對立法反「港獨」。

民主黨主席胡志偉跳出來維護反對派好友，批評港澳辦及中聯辦無視「一國兩制」，干預香港內部事務。他批評內地「出口術」及長年干預香港事務，令香港市民十分反感甚至窒息，結果造成排山倒海的社會運動。他又恐嚇，若內地屢出惡言，只會令香港人與中央政府愈行愈遠，特區政府一天不回應五大訴求，議會抗爭亦會一直繼續。

郭榮鏗於最近曾飛往美國，與正在美國陳方安生會合，一起在美國國會山會見美國眾議院民主黨領袖佩洛西。可能獲得了主子嘉勉，他回港後更加落力表現。

公民黨黨魁楊岳橋撐暴力衝擊立法會，狂言「年輕人入獄留案底令人生更精彩」，而同為公民黨的梁家傑亦主張「暴力有時可能是解決問題的方法。」這兩位大律師支持青年人犯法和暴力行為，是否有違人性理性和道德底綫？難怪參與黑色暴亂的暴徒年齡越來越年輕，暴力手法越來越瘋狂激烈。

「相逢一笑泯恩仇」，這句話已不適用於中央與反對派的關係，因為反對派恩將仇報，以怨報德。

反對派仰賴美國的幕後支持，堅持與中央政府及特區政府對立下去，不惜「攬炒」香港。港人必須作出明智的抉擇，與反對派割席。否則，香港只會越來越淪為一個「悲情墮落的城市」。

2020 年 4 月 14 日

香港人的命運不是掌控在特朗普手中

　　美國國務卿蓬佩奧昨日通知國會，確認香港不再維持自治，不值得享有美國賦予的特殊待遇。白宮發言人麥恩娜莉亦稱，香港若實施國安法，將難保金融中心地位。

　　不過，我在今早閱報時，發覺本港巨富不為所動，紛紛表態支持國家在香港設立「港區國安法」。長和系資深顧問李嘉誠希望，立法可發揮長遠穩定發展的正面作用，認為公眾毋須過分解讀。九倉集團首席顧問吳光正認為，立法可望引導香港原有生活方式及作業環境盡快恢復正常。信和集團主席黃志祥認為，立法有利於維護「一國兩制」和香港長期繁榮穩定。太古集團表示，制定國安法有利港長遠發展。國泰航空表示，維護國安是保持港穩定的重要元素。

　　這些經濟巨頭及跨國集團，財富遍及全球，其中一部分資產在美國，他們一定通盤考慮各方利弊，權衡美國制裁香港對本身有多大影響，才會發出上述聲明的。

　　國務委員兼外長王毅表示，訂立「港區國安法」是保障香港長治久安的必然選擇，合理合法，完全正當，不僅不會影響香港

的高度自治，反而有利於推動「一國兩制」行穩致遠、香港法治更加完備，以及有利各國投資者的利益得到更好保障。

內地《環球時報》總編輯胡錫進在微博發文，指出香港是不是處於高度自治狀態，豈能由美國定義！他批評華盛頓太過自戀，蓬佩奧竟狂妄地以為，香港的命運就在他們的手裡。

胡錫進說，美國手裡實際上只有香港獨立關稅地位這一張牌，這已經被中國人看透，又說香港是美國最大貿易順差來源地，有85,000名美國公民，靜觀美方如何吞下取消香港獨立關稅地位的苦果。

縱觀上述權威人士的說話，相信大家心中有數，中央在維護國家和香港安全及利益上，打擊主張搞亂分裂香港的活躍份子是毫不手軟的，這是十四億人民和愛港愛國人士的意願，中央的決心不會動搖，十四億人民對國家有絕大的信心和支持。

對我個人而言，也許再不能如從前般每隔三數年去洛杉磯探訪近親，但我已遊遍美國東西兩岸近二十個州，美國雖然的確有迷人山水景色，亦有親人情懷，但在大是大非上，個人得失又何足介懷。

在這次全球性疫情中，西方權威人士已對中國和平崛起，改變世界格局的趨勢有了更確切的理解，明白美國再不能獨霸天下，

但中美間的博弈和磨合仍要經過一段頗長時間，其間會有崎嶇難行的路途。

作為一個小市民，我期望社會和諧穩定，百業繁旺，這絕對是所有具理性良知良心的市民共同願望，反對派和本土派要興風作浪破壞社會安定繁榮，有違市民意願和利益，又怎能長久持續下去？我們放長雙眼看他們的悲慘下場吧！

2020 年 5 月 28 日

美國制裁香港誰更傷

美國特朗普總統宣布取消香港特別待遇，並要制裁相關官員，這完全是特朗普的個人面子問題，亦是他的作風問題，一味靠嚇，損人而不利己。

只要大家細心看看以下數字，便知一切。香港貨物輸美只佔總出口貨值 0.1%，美國從香港長年賺取貿易順差，而對香港的貿易順差是其全球貿易夥伴中最高的。

美國有 1,300 間企業在香港，有 290 間在香港設立地區總部，於 2017 年美國對香港的直接投資便高達 812 億美元，香港是美國第九大出口市場，第三大酒類出口市場，第四大牛肉出口市場，第七大農產品出口市場，於 2019 年，美國從香港賺取的貿易順差超過 2,000 億港元。

大家有數得計，美國和香港的貿易，誰更需要誰一目瞭然，為何特朗普仍要一意孤行？

美國和中國的博弈，已經是接近全面開戰的地步，只是除了軍事之外，其他一切都在進行中，因為美國深知在軍事衝突中，只會兩敗俱傷，絕對佔不到優勢和好處。

美國制裁香港，主要是想給中國一點顏色和教訓，更是爲香港的美國傀儡和走狗打氣，讓這些人知道主子爲其撐腰，以振軍心。

　　但美國未免低估中國的決心和估算，中國已經作最壞的打算和最佳的準備，以迎戰這場經濟和金融戰。

　　香港的佔中事件和黑色暴亂，的確令社會治安不佳，經濟動盪，百業蕭條，民心不穩，這便是「失」，但在這兩個事件中，可以看見所有牛鬼蛇神浮出水面，和美國在幕後策動組織一切，這不僅是威脅香港的安全，亦是國家的安全短板和缺口，這便是「得」，更知道這是威脅國家的安全和全國 14 億人民的利益，中央便下定決心迎戰這場硬仗。

　　中央深知這絕非短期間可以解決香港深層次問題和矛盾，香港回歸 23 年，累積問題多籮籮，冰凍三尺非一日之寒。2020 年將是「香港再重新出發」的一年，愛港愛國的港人有十四億人民做後盾，這是必勝之仗，只是時間問題。

2020 年 5 月 31 日

譚得塞成全球風雲人物

陶傑於本週三（26 日）在蘋果日報專欄刊登的文章「譚德塞這件豬骨頭」充滿種族歧視，更指這位來自埃塞俄比亞的衛生專家譚德塞會成爲歷史罪人。

陶傑文章的立論，就是拿中國在埃塞俄比亞有巨額投資來作文章。中國投建埃塞俄比亞輕鐵系統，提供八成半貸款成本。除了資金，中國鐵路集團還提供工程人員，三年間爲埃塞俄比亞建設了 34 公里的雙軌鐵道。譚德塞曾任埃塞俄比亞外交部長，故他在世衛爲中國人說好話。

陶傑指，「中國人做生意擅長『一石二鳥』的精算，大媽到市場買一條魚，同時也想搭上一棵葱，或一塊豬骨頭，或兩者都要，譚德塞這塊豬骨頭在關鍵時成爲中國代言人起的作用，比當初中國在埃塞俄比亞買的那條魚更爲重要。」

他又以涼薄譏諷誣蔑說，「在中國眼中，譚德塞是『養兵千日，用在一朝』的槓桿，對於中國的貸款，這個非洲佬肯定有牽涉，還回扣了多少，存放在哪家銀行。」

上網查看譚德塞背景，他是埃塞俄比亞政治家、學者、公共

衛生領域專家，並曾任埃國衛生部長和外交部長。自 2017 年起擔任世界衛生組織總幹事。 而在學歷方面，譚德塞曾先後取得英國倫敦衛生與熱帶醫學院醫學碩士、英國諾定咸大學醫學博士學位，他又曾當選爲抗擊愛滋病、結核病和瘧疾全球基金董事會主席，在國際醫學界上享有崇高聲譽。

　　如今只因譚德塞是非洲黑人的背景，在陶傑眼中便只是件「豬骨頭」，他狗眼看人低，比特朗普的種族主義言論更偏激。既然特朗普是崇尚白種人主義者，陶傑又是什麼呢？相信大家都心知肚明。

2020 年 2 月 28 日

美國白人種族優越感

美國明尼蘇達州一名黑人被白人警察膝蓋壓頸致死事件持續發酵，引致全美多個大城市民眾示威遊行，並逐漸演變成暴力騷亂，甚至有暴徒哄搶打砸超市，放火燒車，警方亦出動催淚彈、爆震彈、閃光彈和橡膠子彈驅逐示威者。

明尼蘇達州宣布進入緊急狀態，全美多個城市發生暴亂，警方嚴陣以待，特朗普下令可以開槍射殺暴徒。

自喬治華盛頓帶領民兵，打敗英國軍隊，於 1776 年 7 月 4 日通過《獨立宣言》，正式宣布 13 個殖民地獨立，美國現今已立國 200 餘年，領土擴展到 50 個州。美國的黑人奴隸制更在立國前早已存在，其間白人對黑人的野蠻和殘暴行為，証據歷歷在目，任何人都無法抹除這段浸透黑人血淚的黑暗歷史。

黑人民權領袖馬丁路德金於 1963 年 8 月 28 日，在華盛頓林肯紀念堂前發表一篇傳頌百世的演說《我有一個夢想》，這篇演辭經常被人引用，但他不幸於 1968 年 4 月 4 日在美國田納西州孟菲斯旅館內遭一位白人行凶者槍擊身亡。

1776 年，1963 年及 1968 年都是美國人（尤其是黑人）的大

日子，近日看到白人警察膝蓋壓死一個手無寸鐵的黑人同胞，你又有何感想？

我想起美國《華盛頓日報》於今年 2 月 3 日，發表一篇題為《中國是眞正的亞洲病夫》的文章，以及特朗普及蓬佩奧不久前刻意使用「武漢肺炎」「中國病毒」等歧視性稱呼，煽動對中國人的仇恨，令無數美國華裔人士受白人無故侮辱和毆打。

回頭看香港暴徒手揮美國星條旗在街道上橫行霸道，耀武揚威，一些新當選本土派區議員在辦事處門口張貼『「藍絲」人士與狗不得內進』的告示，我明白這些歧視色彩的思想和語言是從哪裡發源的了！

相信每個有理性良知良心的港人都有自己的一個夢想，夢想香港重回安定繁榮，百業興旺，社會和諧，家庭幸福，有錯嗎？

2020 年 5 月 30 日

美國總統迫害世衛總幹事

美國總統特朗普日前宣布暫停向世界衛生組織撥款，聲稱對方應對失誤及無履行基本職責，致新冠肺炎疫情蔓延全球。他又指世衛太過偏幫中國，掩蓋中國在新冠肺炎疫情初期時的嚴重性，更指譚德塞「這個人有點問題」，但暫時未考慮要逼他下台。

對特朗普此舉，中方批評其削弱世衛組織能力及損害國際抗疫合作。歐盟表示譴責有關決定，德國直言「推卸責任無濟於事」。

全球現時有逾 200 萬人確診新冠肺炎，其中 13 萬人死亡，美國在此時宣布停止撥款，根本是落井下石。聯合國秘書長古特雷斯認為，現在是團結對抗疫情的時候，未是時候減少世衛的資源。微軟創辦人蓋茨亦表示，在世界處於衛生危機期間，停止向世衛提供資金「很危險」，認為世衛工作無任何組織可取代，世界比以往任何時候都更需要世衛。

美國民主黨參議員指出，特朗普是以此手法轉移美國民眾的視線，來推卸責任。亦有美國傳媒揭露，特朗普意圖以此方式奪取世界各個重要組織的話事權。

其實，特朗普最看不順眼的，就是譚德塞這個非洲黑人當上

了世界衛生組織總幹事。譚德塞曾任埃塞俄比亞國家衛生部長及外交部長，但他的專業集中在醫療衛生領域。他曾先後在英國倫敦大學和諾丁咸大學獲得醫學碩士和博士學位，是國際公認的瘧疾問題專家。此外他還擔任過全球抗擊愛滋病、結核病和瘧疾基金理事會主席，以及新生兒和兒童衛生夥伴關係理事會聯合主席，在全球醫學界上聲名顯赫、成就卓越。

特朗普就因為譚德塞是黑人，便指他防疫事件辦事不力，「欲加以罪何患無辭」，却無視自己當初對肺炎疫情掉以輕心和未有充分抗疫準備，導致美國當今有逾五十萬人染病。他一句「中國病毒」，害得美國本土亞裔人士受襲受害受歧視。請問香港反對派及本土派人士，這公平公道嗎？不過，相信大家都估到他們的答案。

2020 年 4 月 16 日

特朗普嫁禍中國及世衛

美國已有超過 115 萬人感染新冠肺炎，有近 6 萬 6 千人死亡，是全球之冠，這是因為特朗普當初對疫情掉以輕心，沒有下令全國戒備和採取任何防疫措施，結果疫情迅速蔓延，紐約市及紐約州成為全美重災區。

特朗普更一度堅持用「中國病毒」來形容新冠病毒，引致美國亞裔人士受襲受歧視，後來為免影响自己競選連任的選情才改口。

最近他又強力指責世界衛生組織，認為世衛已由中國操控擺布，故此停止撥款資助世衛組織。昨日德國總理默克爾出面力撐世衛，認為世衛在此次肺炎疫情中處理得當，與特朗普打對台戲，說明公道自在人心。

特朗普仍不甘心，指派國家各個情報部門去搜集黑材料，諉過於中國對疫情監管不力，甚至炮製新冠病毒是由武漢生化研究所製造出來的謠言。

美國白宮拒絕讓國家過敏症和傳染病研究所所長福奇下星期到國會有關新型肺炎疫情的聽證會作證，因為福奇最近參加華盛頓經濟俱樂部活動時表明，反對過早重啟經濟活動，指這會導致

疫情反彈，會令美國返回數周前疫情大爆發的起點。他的說法違背特朗普的意願，所以他不受白宮歡迎。

如今特朗普又揚言要再對中國加徵關稅，甚至表示停止償付中國購買的一萬億美元國債，不過他屬下的謀臣立即出面否認，因為此事牽連甚廣，影響甚大，會打擊美國信譽和公信力，否則，今後哪個國家仍有信心去購買美國國債？

特朗普要「甩鍋」，要中國14億人「食死貓」，他甚至不惜動用國際宣傳戰，全面抹黑中國，發動「馬仔國家」要圍剿中國，要製造現代版的「八國聯軍」圍堵制裁中國，除了軍事戰外，美國實際上在對中國全面開戰。

特朗普是一個不擇手段，毫無道德底線的政治人物，這是美國前國務卿希拉莉及美國政界人士對他的評語。

「禍兮福之所倚，福兮禍之所伏」，這次全球性疫情，間接顯示了各國的實力、領導人的能力和人間冷暖，對中國是禍是福，暫時難料。但正如習近平所說，中國過去5,000年已經歷無數苦難，它是一片汪洋大海，經得起狂風暴雨吹打，才有今日成為全球第二大經濟體的局面，得來不易，十四億人民更應珍惜保護。

2020 年 5 月 3 日

第六章

「攬炒」令香港衰退

「攬炒」令香港衰退

反對派近來的口號是「攬炒」，這句廣東話的意思，就是「同歸於盡」「攬住一齊死」。為何他們心態如此狠毒，却仍有一大批忠實擁躉支持他們？真是百思不得其解。這說明香港是一個「反智社會」，有很多群體行為是無法理喻，無法解釋的。

反對派自從去年6月開始發動「黑暴」，令社會法治崩潰，經濟急速下滑，人心惶恐不安，百業蕭條，治安不寧，難道全港市民都要逆來順受，不敢發聲抗議？

所謂「對敵人仁慈，就是對自己殘忍」，如果我們對黑衣暴徒或其支持者姑息縱容，或採取「各家自掃門前雪，不理他人瓦上霜」的態度，就會助長暴徒及違法人士的氣焰，令他們更加橫行無忌。

就以香港各大商場為例，為何他們可以任由暴徒及滋事份子闖進商場搗亂滋事，令商戶提早落閘蒙受損失，令消費者購物意慾大減？這些商場難道不應該在當眼處貼出告示，表明不歡迎暴徒及滋事分子到商場內擾亂秩序？既然這種非法集結違反「限聚令」，商場應該一見苗頭不對就立即報警處理。

而警方到場後，應立即拘捕滋事分子，試想商場有人搶劫金舖，有暴徒圍毆途人，或當眾強暴女顧客，警方到場後是否仍慢慢舉旗警告？

這都是輕易做得到的事，也都合情合理合法，為何商場及警方都不簡單直接地做，以保障商場及消費者的權益？

防範和阻止「攬炒」可以從小處着手做起。相信人人都愛惜自己的安全及財物，講解「攬炒」如何害人害己，不僅是政府的事，市民亦應盡到本分，從個人、家庭、朋友圈乃至工作群體，大家一齊宣傳不支持「攬炒」的道理，因為「攬炒」到頭來，自己也必是受害者。

2020 年 5 月 7 日

「政治迷幻藥」可以令人上癮

台灣民進黨的確是選舉政治高手。蔡英文執政四年，台灣經濟下滑，軍公教人員退休金被削減，民怨沸騰，但蔡英文在選舉前半年，利用各種文宣工具及美國的支持，轉眼便扭轉形勢急起直追，更藉抨擊香港「一國兩制」失敗來恐嚇台灣民眾，散布只有民進黨執政才能繼續保持臺灣自由民主的謊言，結果一舉大勝。

台灣總統選舉落幕後，台灣民眾仍將面對經濟不景、工資不漲、旅遊業不振的局面。現實是殘酷的，蔡英文所開的每一張支票都無法兌現。兩岸關係惡化，台灣能夠獨自振興經濟嗎？民進黨不擇手段排斥政治異己，在野的國民黨會乖乖配合民進黨施政嗎？

不要以為台灣民進黨政治選舉這一套，只有台灣民眾夠傻，吃了政治迷幻藥後會失去理智作出錯誤決定，香港選舉何嘗不是如此？看看最近這次區議會選舉，泛民派暴力派及本土派大勝，一些帶領暴徒衝入立法會鬧事搞亂的反對派議員，一些化身暴徒破壞社會法治的過激學生，一些毫無社會經驗、不懂處世做人的憤青，只須喊喊「支持五大訴求」「光復香港，時代革命」，「沒有暴民，只有暴政」的口號，就可以輕易贏取選票成為「民意代表」，然

後在區議會唱「獨歌」，和政府官員對着幹，不務正業（「正業」是真正推動社區和民眾事務），奈何？

「一將功成萬骨枯」，那些支持暴力的蒙面黑衣人逃往台灣後，食不溫飽居無定所，被人棄如敝屨，他們只是一堆炮灰，一群棄子和棋子，但悔恨已遲。

無可否認泛民派在操作選舉運動，策劃網絡文宣工作，煽動蠱惑青年方面勝出一籌。如果特區政府和建制派未能吸取區議會選舉失利教訓，選民很容易對「政治迷幻藥」食開有癮，再次上當。前車之鑑，不可不防。

2020 年 1 月 13 日

喪盡天良埋沒人性的反對派議員

　　市民可能不知道，「防疫抗疫基金」300 億元撥款有可能胎死腹中。在這百業蕭條企業經營困難時刻，港人生活于水深火熱之中，這 300 億元是及時雨，最少能幫助解決港人燃眉之急。

　　日前財委會討論行政長官建議的「防疫抗疫基金」撥款申請，議員開了整天會，討論如何支援旅遊、零售、食肆、建築及運輸等，並提供應急資助，到晚上反對派突然提出十項臨時修訂，包括加入派發一萬元的建議。

　　這又是反對派一向伎倆，明知時間不足以討論此建議，如若容許討論此議案，這「防疫抗疫基金」的撥款申請便無法通過，最終建制派被迫反對向市民「派發一萬元應急金」的建議。

　　結果，翌日網上瘋傳一則消息，指建制派議員否決了政府向全港市民派發「一萬元應急金」的動議，更有人借此大造文章，斥建制派令市民失去領取此應急金的機會，意圖煽動民憤。

　　混淆視聽，顛倒是非黑白，一向是反對派的本領，讀者看完上述真實情況，便知道是與非、黑與白，一目了然。

　　作為香港公營電台「香港電台」，理應不偏不倚，如實報導

真相，這絕非偏袒政府和建制派，只是說出事實，令市民不要被反對派矇騙，才有助市民作出正確的判斷，還政府和建制派一個公道。

正如著名作家屈穎妍的新書「一場集體催眠」所言，「佔中事件已經過五年了，香港還能承受多少個暴亂的五年？」，如若港人繼續受反對派矇騙催眠下去，香港會有前途嗎？港人會有安樂舒適的日子過嗎？

2020 年 2 月 24 日

香港面臨的困局

香港有一句俗話「唔衰攞嚟衰」，眞是應景貼切，我在半年前寫過一篇文章「美國不費不費一兵一卒便可以打殘香港」，原因是美國在香港有太多代理人，這班洋奴走狗很多是社會精英及社會知名人物，影響力巨大，而香港的愚民（包括大學生）甚衆，只需看去年區議會的選舉結果便知。

「黑暴」看似已過去，只因香港目前受到「新冠肺炎」疫情困擾，美國本土肺炎病毒亦十分嚴重，暫時無暇出手搞亂香港，但香港社會隱患甚多，潛伏着許多滋事分子及打手，在社會回復平穩安定時，隨時又會找個藉口挑起事端。

台灣有藍綠之爭，香港則有藍黃之鬥。敎協、大狀黨、本土派、生菓日報和立法會反對派議員，他們反中仇中思想是一致的，他們迷信歐美式的民主自由是世界上唯一的眞理，而對「中國具有特色的社會主義」存有極嚴重的偏見和歧視，這是植根於香港社會深層的意識形態矛盾。

「一國兩制」是世間少見的制度，回歸 23 年來，表面上「馬照跑、舞照跳、股照炒」，中國原封不動接收香港，香港維持繁

榮安定，「河水不犯井水、井水不犯河水」，但現今在外來勢力煽動下，井水陡然波瀾洶湧，不再如以往般平靜無波，這就是香港當今面臨的困局。

其實，香港社會存在有很多問題，骨子裡百病叢生，不論是政府架構、司法制度、教育體制、傳媒管理、土地供應及貧富差距，都存在重大缺失和漏洞。

香港是一本難讀難懂的書，有多少人能真正讀懂，有睿智去解決書中難題？

2020 年 3 月 31 日

這些數字值得驕傲嗎？

特首林鄭月娥撰文紀念《基本法》頒布 30 周年，我很耐心仔細閱讀了這篇長文，收穫不大，內容大都是列舉眾所周知的香港過往成功因素。

反而其中「在 2019 年香港有超過 11,000 次公眾遊行和集會，總數是 1997 年的 10 倍，足證市民所享有的自由有增無減，這些公眾遊行和集會，只要是和平合法地進行，特區政府都予以尊重，警方亦會給予適當的協助」這句話，可圈可點。

一個地窄人稠的城市，每年有 11,000 次公眾遊行和集會，以一年 365 日計算，即每日有 30.1 次，此數字用來說明香港享有高度自由，並以此自豪？思維和邏輯上是大錯特錯。

我手頭上沒有紐約、倫敦、巴黎、東京和法蘭克福等大都會每年公眾遊行和集會次數，但估計不會如此頻密，難道這些城市內人民就沒有自由？

香港人常講「不要阻住地球轉」，「咪阻住搵食，搵食艱難啊」，「大佬呀，手停就口停」，顯然一眾政府高官「堅離地」，不食人間煙火，不知人間疾苦。

由於香港不實行西方發達國家的高稅率和全民福利保障計劃，實行低稅吸引外國企業，因此無法為香港市民，提供一個優質福利保障計劃。

　　所以港人都知道要靠自己雙手打拼，不能依賴政府救濟，看看香港這個繁華大都會，仍有數以萬計劏房存在，市民要輪候三五年才能入住公屋，在公立醫院要等兩三年才可獲專科服務，由此便知基層市民的生活相當艱苦。

　　經過去年的「黑暴」和今年肺炎疫情衝擊，香港經濟急速下滑，百業蕭條，市民只求食一口「安樂茶飯」，只求免除「黑暴」威脅和恐嚇，只求道路和公共交通暢通無阻，只求「咪阻住我搵食」。

　　市民心底的這些呼聲，特首和高官是否聽到？

2020 年 4 月 5 日

香港疫情後能否能逃出生天

「黑暴」未了，又遇新冠肺炎疫情雪上加霜，香港經濟受到嚴重衝擊，雖未至民不聊生，但百業蕭條，失業率高漲，市民再難見歡容。

疫情始終會過去，我只担心香港的隱患實在太多，揮之不去，無法令我樂觀。重中之重的問題就是「港人亂港」。要置港人於死地的，不是外人，是反對派議員，一批手持外國護照的社會精英及社會知名人士，律師及教授，在社會上及課堂上，以自已的政治理念及美麗口號，迷惑多少青年去做他們的棋子和砲灰，而這批人却安然無恙，繼續坐享其成，犧牲的是這一代青年人的幸福。

香港政府只是一副空殼，因爲太多高官及中上層官員「人在香港心在歐美」，回歸以來「蕭規曹隨」，從沒有跟上時代潮流。試看連儂牆遍布港九各區，地政署及食環做了什麼工作？

香港電台中傷香港及中國多年，依然屹立不倒，是何緣故？拿美國護照的台長梁家榮，誰在包庇他？

我最害怕的是，有權有勢的人欺上瞞下，報喜不報憂，令中央政府不知香港當今實情，市民叫苦連天無人知，民間苦情無法

上達。

　　疫情後港人能否逃出生天，仍有太多未知因素，最重要是港人不能再自殘「攬炒」，但反對派及本土派怎會收手？「樹欲靜而風不息」，這才是最大問題。

2020 年 4 月 12 日

中央忍無可忍終於出手

從去年「黑暴」至最近郭榮鏗議員在立法會拉布，兩者是相互呼應的。一個是在街頭以暴力破壞香港法治，另一個則是在立法議會內以拉布癱瘓香港政府運作。

港澳辦和中聯辦齊齊發聲斥責郭榮鏗拉布半年阻撓政府申請撥款，有礙政府推行各項民生重大工程，有錯嗎？

作為大律師的郭榮鏗仍然死不認錯，而泛民議員及本土派立即跳出來為郭榮鏗辯護，反指中央干預香港事務，有違「一國兩制」政策。

日前中聯辦主任駱惠寧在「全民國家安全教育日」發表講話，直指部分港人對國家安全意識薄弱。他說，「侵蝕法治的『蟻穴』得不到清除，摧毀的將是國家安全的『大壩』，所以對任何危及香港法治的行為都應當『零容忍』，決不能讓香港成為國家安全的『風險口』」。港人真是久旱逢甘雨，期待中央這番話已久。

反對派以黎智英為首的狗奴才，逐一去美國叩見副總統、國務卿及國家安全事務顧問，要求美國盡早推行《香港的人權和民主法案》，這是赤裸裸的要求美國干預香港事務。現今中央兩個主

管香港事務官員，為香港市民請命，避免香港被「打殘」「攬炒」，就被說成是干預香港事務，破壞香港「一國兩制」，說得通嗎？

反對派和本土派所有的說辭，都是意圖讓「兩制」凌駕於「一國」之上，說白了，這些人都甘願做洋奴漢奸。香港如今有太多「蟻穴」（如教協、反對派各政黨、「黃絲」傳媒、各大專院校學生會等等），難道中央及特區政府仍放任不管，才是維護市民利益？

2020 年 4 月 17 日

香港没有人可持有「免死金牌」

公民黨立法會議員陳淑莊在深水埗一間酒吧聚會，違反「限聚令」，但至今未上法庭受審。而尖沙咀一樓上酒吧負責人，替友人慶祝生日，涉嫌於上週在酒吧內招待 64 名顧客，被控違反食物及衛生局局長指示，該名 23 歲廚師兼負責人承認控罪，立即被判囚 7 日。

眞係「同人唔同命，同遮唔同柄」。

當陳淑莊被人揭發時，她高呼「我係立法議員」，立法議員就可以「大晒」咩？就可以無視法紀和凌駕法律咩？她知否作爲大律師，知法犯法，罪加一等？

至今近 10 萬人聯署，要求陳淑莊道歉及下台，並要求該聚會場所負責人公開 CCTV 片段，如果他們狡辯是開會並且飲水而非飲酒，何不公開視頻，還他們一個清白？陳淑莊敢嗎？

同屬公民黨的郭榮鏗近日亦成爲新聞聚焦人物，由於他自去年 10 月至今，蓄意令立法會內部會議停擺，令 14 條政府法案及 80 多條附屬法案無法跟進處理，導致國務院港澳辦及中聯辦均發表聲明，譴責他濫用權力。

郭榮鏗不僅不知悔改，反咬中央兩個部門越權，違反「一國兩制」原則。請問全港有哪一個機構，可以容許僱員偷懶蛇王半年，仍可享有年薪逾 300 萬元的待遇？但郭榮鏗仍厚顏無恥，百般抵賴，且誣衊中央部門破壞「一國兩制」。

　　陳郭二人同屬大律師，深諳法律却視法律如無物，玩弄法律律條於股掌之上。如果陳郭二人持有「免死金牌」，則香港法治精神蕩然無存，市民怎可再相信香港司法制度公平公正？

2020 年 4 月 18 日

　香港仍有善心人

喜歡玩弄法律和知法犯法的人

　　大律師、立法會議員郭榮鏗近日成為頭條新聞人物，因為他在立法會內會濫權拖延程序，阻撓選出內會主席長達半年，引起港澳辦和中聯辦共同發聲譴責，但他死不認錯，反指中聯辦及港澳辦越權。

　　警方日前拘捕 15 名反對派頭頭，包括大律師李柱銘、大律師吳靄儀、律師何俊仁，這些人都是政界、法律界響噹噹的人物，但卻做了許多違法的事，亦是策劃組織佔中主要人物。何俊仁更曾因在立法會開會期間瀏覽艷女性感照，被外界多次取笑為「AV仁」而聲名大噪。

　　另一個近年風頭甚勁大律師、立法議員陳淑莊，在警方頒布限聚令後，仍在酒吧聚眾尋歡作樂，事件被揭發後更高調稱自己身份是立法會議員，以為是議員「大晒」！她過往劣蹟斑斑的「政史」，真可以寫成一本書。

　　我曾多次談到大律師、立法議員楊岳橋的言論，他力撐暴力衝擊立法會的黑衣暴徒，鼓吹「年輕人入獄留案底令人生更精彩」。而他的公民黨黨友、大律師梁家傑則說「暴力有時可能是解決問

題的方法」。這種如出一轍、鼓動年青人以身犯法的言論，該當何罪？

香港大學法律學院院長、大律師陳文敏日前在報章發表文章，認為中聯辦無權干預香港內政，他引述《基本法》第22條及第12條稱「中聯辦無權處理香港內部事務」，陳教授引了第12條的前面一句，却略去後面一句，去掉「香港由中央人民政府直接管轄」的憲制權力，陳文敏在大眾面前扭曲法律意義，難道沒有政治目的？

港大法律學院副教授戴耀廷在「佔中」案中被判囚16個月，戴耀廷的獄中書，題目為《來自香港監獄的信函》，批評審理佔中案的法官用了錯誤的「合乎比例標準」，是「脫離現實」，認為今次的判罪和判刑都是錯誤的。而戴耀廷出獄後，更鼓吹組織更多工會，為反對派謀奪立法會話語權。

上述所講全部是事實，香港法治精神和法律基石就是被一批熟諳法律的社會精英一手摧毀的。

2020 年 4 月 22 日

期待反對派讓步是緣木求魚

中國成語「緣木求魚」，出自《孟子·梁惠王上》：「以若所爲，求若所欲，猶緣木而求魚也。」爬上樹去找魚，是根本沒有指望的事。如今仍有人希望反對派及本土派回復理性，就等於希望他們會進行「變性」手術，可能嗎？

郭榮鏗明知受到全港市民指責，指他嚴重失職，他仍然表示要堅持阻撓內會主席選出，更主要原因是要阻止《國歌法》通過，爲何反對派如此厭惡《國歌法》？是因爲他們可能都持有外國護照？他們都不願做中國人？都要誓必打倒共產黨？誓死建立「香港國」？

如果要反對派立法議員「轉駄」，請問他們怎樣去向英美主子交代？如何對反對派區議員「以身作則」？可能嗎？

道理簡單易明，一字咁淺，不過香港仍有很多人一廂情願，希望香港人不會內鬥內耗，我常說「港人治港」已變成「港人亂港」，是有充分事實爲証的。

香港多年來已養有一班漢奸洋奴走狗，更有一大班愚民跟隨，這就是今日香港的困局。香港必須進行一場「輸血」和「換血」

的大手術，方有得救。

2020 年 4 月 24 日

香港仍有善心人

雙綫鬥爭手法

今日是母親節大日子，但黑衣暴徒昨晚仍在兩個大商場搞事，其中在鑽石山荷里活廣場，警方驅散參與「和你唱」活動的人士，當中包括公民黨立法會議員譚文豪連同當地區議員等 6 人。

另外，有網民發起到大埔超級城 C 區商場「和你唱」。一批市民晚上 7 時起在商場內高叫反修例口號，約半小時後，防暴警察進入商場範圍，而大部分店舖已拉閘停業，客人暫時逗留在拉閘的店舖內避禍。商戶損失慘重，消費者意慾大減。

立法會於前日下午舉行內務會議，激烈如羅馬鬥獸場和日本相撲，議會陣線朱凱廸爬牆企圖施展「空襲」；同屬議會陣線、人民力量陳志全赤腳「戰鬥格」，撞向立法會保安，又四處亂竄避開保安；工黨張超雄施展「音波功」，擅自離席走到主席台前，不斷重複「李慧琼你越權」長達 40 分鐘。

這些反對派議員無所不用其極，全力阻李慧琼主持會議。混亂情況持續超過 2 小時，其間朱凱廸、陳志全、尹兆堅、許智峯、黃碧雲、楊岳橋、譚文豪、林卓廷、胡志偉、鄺俊宇、張超雄 11 名議員被逐出會議室，到下午 5 時才開始正式討論原有議程，至

傍晚 6 時結束。

特首林鄭月娥指出，立法會主席梁君彥公布他尋求外間資深大律師的意見，說明無論根據《議事規則》或《內務守則》，都清楚顯示在新任主席尚未選出時，現任的內會主席李慧琼應該具有內會主席可行使的所有一般的權力，來處理內會的一般事務，但偏偏反對派議員仍堅持己見，還大吵大鬧一場，孰是孰非，大家一目了然。

其實反對派作出種種抗爭行為，就是要阻止《國歌法》在香港立法，這真是一件羞家可恥可悲的事，請問在中國領土上——香港特別行政區當然也是中國領土——這些反對派議員以什麼身份反對《國歌法》？他們持的是什麼國籍護照？效忠的是那一個國家？他們有否忘記宣誓做議員時的誓詞？

要這些要反對派議員回頭是岸，簡直是緣木求魚。他們幕後主子美國處心積慮要「打殘」「攬炒」香港，要求他們全力進行「街頭和議會」的抗爭，讓全港市民攬住一齊死，我們能容忍嗎？

2020 年 5 月 10 日

民陣垂死掙扎會得逞嗎？

6月9日是香港反修例示威一週年，有網民發起「六九」一周年港島區遊行，在中環遮打花園出發，事前並無申請不反對通知書。晚上大批抗爭者在中環集結，舉起傘陣，不斷高喊「香港獨立，唯一出路」「光復香港、時代革命」「黑警死全家」等口號，向警方防線推進，一度佔領德輔道中。

極端組織民陣揚言要在「七一」再搞大遊行，抗議涉港國安法實施，民陣希望「攬炒」香港人，請問香港繼續動盪下去對誰有利？又由誰來為民陣政治野心埋單呢？

人民日報旗下的微博「人民銳評」6月7日發表評論文章，點名抨擊黃之鋒及其把持的香港眾志組織「擅長變臉喝人血」「一門心思做洋奴」。文章指出，香港國安立法，照出了香港眾志出賣國家的「港獨」本質。「眾志」對網民顛倒黑白，對青年極力煽惑，搞的都是「港獨」活動。這次中央傳媒點名道姓開火，因為明白暴亂再延續下去，將禍延全港市民。

立法會議員何君堯在接受鳳凰電視訪問時表示，香港是法治社會，若鬧得翻天覆地、有法不依，示威者四處破壞「私了」甚

至縱火，對社會的衝擊和破壞是顯然易見的。根據特區政府統計處公布，今年首季本地生產總值同比下跌 8.9%，約等於 600 多億元。何君堯又指出，特區政府一年撥款逾千億元，用於教育預算，但香港年輕人卻被荼毒，惹上官非，這些損害更是無法計量。

美國國務卿蓬佩奧早前表示，中國共產黨拒絕給予香港人民承諾的自由，違背與英國簽署的協議承諾。外交部發言人華春瑩反問蓬佩奧，指英國對香港 156 年殖民統治期間，28 位港督中哪位是由香港民眾選舉產生，香港有過民主和自由嗎？她說：「那個時候，港人有上街抗議示威的自由嗎？英國對香港殖民統治期間，英國的《叛逆法》適用於香港。」

民陣、香港眾志這類組織的存在，以及「六四」「七一」的街頭抗爭陰魂不散年年捲土重來，是有很多原因造成的。但愛國愛港市民想問的是，23 年來有人深入探究原因及找出解決之道嗎？政府官員有像華春瑩發言人那樣有力駁斥過外界的無理指責嗎？警隊有像今天這樣堅定對付暴徒嗎？立法會亂象是無法拆解的嗎？

港區「國安法」是來遲了，但港人有句話說得好：「遲到好過冇到！」

2020 年 6 月 10 日

書　　名：《**香港仍有善心人**》

作　　者：謝悅漢

責任編輯：李向東

裝幀設計：陳汗誠

出　　版：大公報出版有限公司
　　　　　香港仔田灣海旁道七號興偉中心 29 樓

電　　話：2873 8288

發　　行：香港聯合書刊物流有限公司
　　　　　香港新界大埔汀麗路 36 號中華商務印刷大廈 3 字樓

電　　話：2150 2100

印　　刷：美雅印刷製本有限公司
　　　　　香港九龍觀塘榮業街 6 號海濱工業大廈二期 4 字樓

版　　次：2020 年 7 月初版

國際書號：ISBN 978-962-582-077-4

定　　價：港幣 96 元